PRACTICE - ASSESS - DIAGNOSE

180 Days of WRITING for Kindergarten

Spanish

Author
Tracy Pearce

Shell Education

Publishing Credits

Corinne Burton, M.A.Ed., *President*; Emily R. Smith, M.A.Ed., *Content Director*; Jennifer Wilson, *Editor*; Grace Alba Le, *Multimedia Designer*; Don Tran, *Production Artist*; Stephanie Bernard, *Assistant Editor*; Amber Goff, *Editorial Assistant*

Image Credits

pp. 17, 21, 33, 66, 68, 78, 99, 136, 143, 195, 197, 210, 213, iStock; All other images Shutterstock.

Standards

Shell Education
5482 Argosy Avenue
Huntington Beach, CA 92649-1030
www.tcmpub.com/shell-education

ISBN 978-1-0876-3555-2

Printed by: **51307**
Printed In: **USA**
PO#: 14809

TABLE OF CONTENTS

INTRODUCTION

The Need for Practice

To be successful in today's writing classrooms, students must deeply understand both concepts and procedures so that they can discuss and demonstrate their understanding. Demonstrating understanding is a process that must be continually practiced for students to be successful. Practice is especially important to help students apply their concrete, conceptual understanding of each particular writing skill.

Understanding Assessment

In addition to providing opportunities for frequent practice, teachers must be able to assess students' writing skills. This is important so that teachers can adequately address students' misconceptions, build on their current understandings, and challenge them appropriately. Assessment is a long-term process that involves careful analysis of student responses from a discussion, project, practice sheet, or test. When analyzing the data, it is important for teachers to reflect on how their teaching practices may have influenced students' responses and to identify those areas where additional instruction may be required. In short, the data gathered from assessments should be used to inform instruction: slow down, speed up, or reteach. This type of assessment is called *formative assessment.*

HOW TO USE THIS BOOK

With *180 Days of Writing*, creative, theme-based units guide students as they practice the five steps of the writing process: prewriting, drafting, revising, editing, and publishing. During each odd week (Weeks 1, 3, 5, etc.), students interact with mentor texts. Then, students apply their learning by writing their own pieces during each following even week (Weeks 2, 4, 6, etc.). Many practice pages also focus on grammar/language standards to help improve students' writing.

Easy to Use and Standards Based

These daily activities reinforce grade-level skills across the various genres of writing: opinion, informative/explanatory, and narrative. Each day provides a full practice page, making the activities easy to prepare and implement as part of a classroom morning routine, at the beginning of each writing lesson, or as homework.

The chart below indicates the writing and language standards that are addressed throughout this book. See pages 5–6 for a breakdown of which writing standard is covered in each week. **Note:** Students may not have deep understandings of some topics in this book. Remember to assess students based on their writing skills and not their content knowledge.

College and Career Readiness Standards

Writing K.1—Use a combination of drawing, dictating, and writing to compose opinion pieces in which they tell a reader the topic or the name of the book they are writing about and state an opinion or preference about the topic or the book.
Writing K.2—Use a combination of drawing, dictating, and writing to compose informative/explanatory texts in which they name what they are writing about and supply some information about the topic.
Writing K.3—Use a combination of drawing, dictating, and writing to narrate a single event or several loosely linked events, tell about the events in the order in which they occurred, and provide a reaction to what happened.
Language K.1—Demonstrate command of the conventions of standard English grammar and usage when writing or speaking.
Language K.2—Demonstrate command of the conventions of standard English capitalization, punctuation, and spelling when writing.

HOW TO USE THIS BOOK *(cont.)*

Below is a list of overarching themes, corresponding weekly themes, and the writing standards that students will encounter throughout this book. For each overarching theme, students will interact with mentor texts in the odd week and then apply their learning by writing their own pieces in the even week. **Note:** The writing prompt for each week can be found on pages 7–8. You may wish to display the prompts in the classroom for students to reference throughout the appropriate weeks.

Overarching Themes	Weekly Themes	Standards
Park	**Week 1:** Playing at the Park **Week 2:** Picnic at the Park	**Writing K.3**—Narrate a single event or several loosely linked events. Tell about the events in the order in which they occurred, and provide a reaction to what happened.
School	**Week 3:** What We Do in School **Week 4:** School Rules	**Writing K.3**—Narrate a single event or several loosely linked events. Tell about the events in the order in which they occurred, and provide a reaction to what happened.
Seasons	**Week 5:** Spring or Fall? **Week 6:** Summer or Winter?	**Writing K.1**—Compose opinion pieces in which they tell a reader the topic or the name of the book they are writing about and state an opinion or preference about the topic or the book.
The Five Senses	**Week 7:** Sight and Smell **Week 8:** Taste and Touch	**Writing K.2**—Compose informative/explanatory texts in which they name what they are writing about and supply some information about the topic.
Community Heroes	**Week 9:** Firefighters **Week 10:** Police Officers	**Writing K.2**—Compose informative/explanatory texts in which they name what they are writing about and supply some information about the topic.
Nursery Rhymes	**Week 11:** Humpty Dumpty or Jack and Jill? **Week 12:** Itsy Bitsy Spider or Little Bo Peep?	**Writing K.1**—Compose opinion pieces in which they tell a reader the topic or the name of the book they are writing about and state an opinion or preference about the topic or the book.
Solar System	**Week 13:** Sun and Moon **Week 14:** Earth	**Writing K.2**—Compose informative/explanatory texts in which they name what they are writing about and supply some information about the topic.
Holidays	**Week 15:** Christmas or St. Patrick's Day? **Week 16:** Valentine's Day or Halloween?	**Writing K.1**—Compose opinion pieces in which they tell a reader the topic or the name of the book they are writing about and state an opinion or preference about the topic or the book.
Animals	**Week 17:** Ocean Animals **Week 18:** Land Animals	**Writing K.2**—Compose informative/explanatory texts in which they name what they are writing about and supply some information about the topic.

HOW TO USE THIS BOOK *(cont.)*

Overarching Themes	Weekly Themes	Standards
Nature	**Week 19:** Farms **Week 20:** Forests	**Writing K.3**—Narrate a single event or several loosely linked events. Tell about the events in the order in which they occurred, and provide a reaction to what happened.
Sports	**Week 21:** Soccer **Week 22:** Baseball	**Writing K.3**—Narrate a single event or several loosely linked events. Tell about the events in the order in which they occurred, and provide a reaction to what happened.
People We Know	**Week 23:** Family **Week 24:** Friends	**Writing K.3**—Narrate a single event or several loosely linked events. Tell about the events in the order in which they occurred, and provide a reaction to what happened.
Pets	**Week 25:** Pet Hamsters or Bunnies? **Week 26:** Pet Dogs or Cats?	**Writing K.1**—Compose opinion pieces in which they tell a reader the topic or the name of the book they are writing about and state an opinion or preference about the topic or the book.
Birthdays	**Week 27:** My Birthday **Week 28:** Favorite Birthday Party	**Writing K.3**—Narrate a single event or several loosely linked events. Tell about the events in the order in which they occurred, and provide a reaction to what happened.
Food	**Week 29:** Apples or Oranges? **Week 30:** Ice Cream or Cookies?	**Writing K.1**—Compose opinion pieces in which they tell a reader the topic or the name of the book they are writing about and state an opinion or preference about the topic or the book.
Birds	**Week 31:** Peacocks **Week 32:** Ducks	**Writing K.2**—Compose informative/explanatory texts in which they name what they are writing about and supply some information about the topic.
Weather	**Week 33:** Hot or Cold? **Week 34:** Wind or Rain?	**Writing K.1**—Compose opinion pieces in which they tell a reader the topic or the name of the book they are writing about and state an opinion or preference about the topic or the book.
How To . . .	**Week 35:** How to Make a Peanut Butter and Jelly Sandwich **Week 36:** How to Wash Your Hands	**Writing K.2**—Compose informative/explanatory texts in which they name what they are writing about and supply some information about the topic.

HOW TO USE THIS BOOK *(cont.)*

Weekly Setup

Write each prompt on the board throughout the appropriate week. Students should reference the prompts as they work through the activity pages so that they stay focused on the topics and the right genre of writing: opinion, informative/explanatory, and narrative. You may wish to print copies of this chart from the digital resources (filename: GK_writingprompts_sp.pdf) and distribute them to students to keep throughout the school year.

Semana	Tema
1	Escribe sobre una vez en que hayas jugado en el parque.
2	Escribe sobre una vez en que hayas ido a un día de campo.
3	Escribe sobre lo que haces en la escuela.
4	Escribe sobre una regla de la escuela que cumplas.
5	Escribe sobre la primavera o el otoño.
6	Escribe sobre el verano o el invierno.
7	Escribe sobre also que veas o huelas.
8	Escribe sobre algo que saborees o toques.
9	Escribe sobre los bomberos. Cuenta qué hacen.
10	Escribe sobre los oficiales de policía. Cuenta qué hacen.

Semana	Tema
11	Escribe sobre *Humpty Dumpty* o *Jack y Jill.*
12	Escribe sobre *Witsi witsi araña* o *Pequeña Bo Pip.*
13	Escribe sobre el sol o la luna.
14	Escribe sobre la Tierra.
15	Escribe sobre la Navidad o el Día de San Patricio.
16	Escribe sobre el Día de San Valentín o Halloween.
17	Escribe sobre los animales del océano.
18	Escribe sobre los animales terrestres.
19	Escribe sobre visitar una granja.
20	Escribe sobre visitar un bosque.
21	Escribe sobre un partido de fútbol.

HOW TO USE THIS BOOK *(cont.)*

Semana	Tema
22	Escribe sobre un partido de béisbol.
23	Escribe sobre pasar un día con tu familia.
24	Escribe sobre pasar un día con un amigo.
25	Escribe sobre un hámster o un conejo.
26	Escribe sobre un perro o un gato.
27	Escribe sobre una fiesta de cumpleaños que hayas tenido.
28	Escribe sobre tu fiesta favorita de cumpleaños.
29	Escribe sobre las manzanas o las naranjas.
30	Escribe sobre el helado o las galletas.

Semana	Tema
31	Escribe sobre los pavorreales.
32	Escribe sobre los patos.
33	Escribe sobre el tiempo caluroso o el tiempo frío.
34	Escribe sobre el viento o la lluvia.
35	Escribe sobre hacer un sándwich de mantequilla de maní y mermelada.
36	Escribe sobre lavarte las manos.

HOW TO USE THIS BOOK *(cont.)*

Using the Practice Pages

The activity pages provide practice and assessment opportunities for each day of the school year. For this age level, teachers may wish to complete the pages together as a class. Teachers may wish to prepare packets of weekly practice pages for the classroom or for homework. As outlined on pages 5–6, each two-week unit is aligned to one writing standard. **Note:** Before implementing each week's activity pages, review the corresponding prompt on pages 7–8 with students and have students brainstorm thoughts about each topic.

On odd weeks, students practice the daily skills using mentor texts. On even weeks, students use what they have learned in the previous week and apply it to their own writing.

Each day focuses on one of the steps in the writing process: prewriting, drafting, revising, editing, and publishing.

There are 18 overarching themes. Each odd week and the following even week focus on unique themes that fit under one overarching theme. For a list of the overarching themes and individual weekly themes, see pages 5–6.

Using the Resources

The following resources will be helpful to students as they complete the activity pages. Print copies of these resources and provide them to students to keep at their desks.

Rubrics for the three genres of writing (opinion, informative/explanatory, and narrative) can be found on pages 199–201. Use the rubrics to assess students' writing at the end of each even week. Be sure to share these rubrics with students often so that they know what is expected of them.

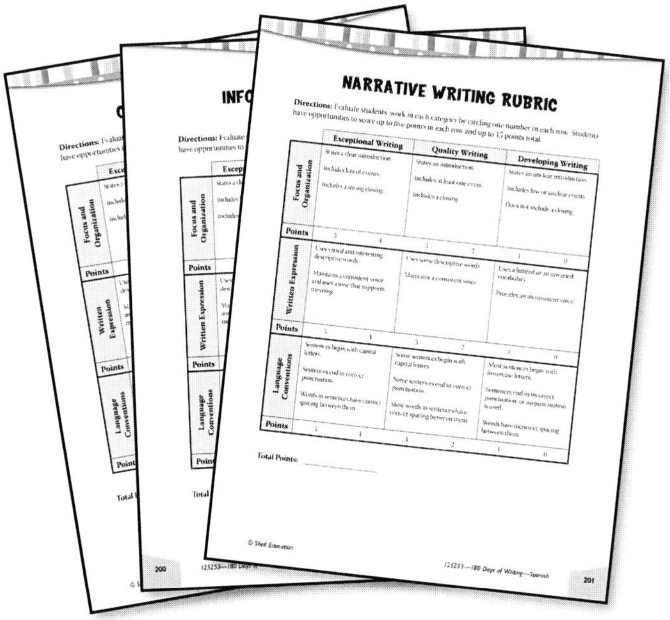

HOW TO USE THIS BOOK *(cont.)*

Using the Resources *(cont.)*

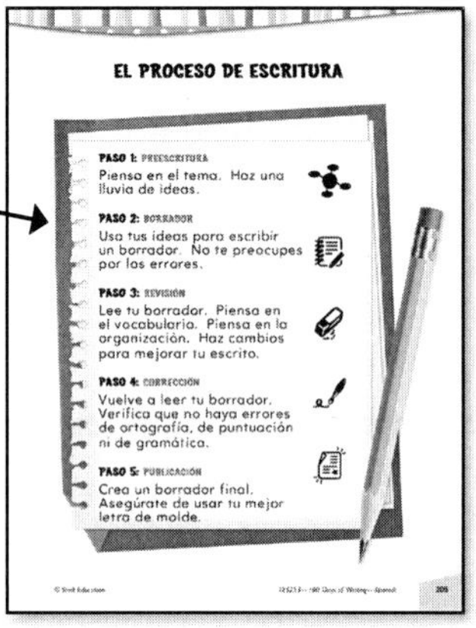
EL PROCESO DE ESCRITURA

PASO 1: PREESCRITURA
Piensa en el tema. Haz una lluvia de ideas.

PASO 2: BORRADOR
Usa tus ideas para escribir un borrador. No te preocupes por los errores.

PASO 3: REVISIÓN
Lee tu borrador. Piensa en el vocabulario. Piensa en la organización. Haz cambios para mejorar tu escrito.

PASO 4: CORRECCIÓN
Vuelve a leer tu borrador. Verifica que no haya errores de ortografía, de puntuación ni de gramática.

PASO 5: PUBLICACIÓN
Crea un borrador final. Asegúrate de usar tu mejor letra de molde.

The Writing Process can be found on page 205 and in the digital resources (filename: GK_writing_process_sp.pdf). Students can reference each step of the writing process as they move through each week.

MARCAS DE CORRECCIÓN

Marcas de corrección	Nombres de los símbolos	Ejemplo
	símbolo de mayúsculas	david comió uvas.
	símbolo de minúsculas	Mi mamá Me abrazó.
	símbolo para insertar punto	Las nubes están en el cielo
	símbolo para revisar la ortografía	La historia me hiso reír.
	símbolo para cambiar de posición	¿Cómo tú estás?
	símbolo para insertar	¿Me pasas la pizza?
	símbolo para insertar comas	Tengo gatos perros y peces dorados.
	símbolo para insertar raya de diálogo	Sorprendente gritó ella.
	símbolo de eliminación	¿Me llamarás llamarás?
#	símbolo para agregar espacio	Yo corro haciael árbol.

Editing Marks can be found on page 206 and in the digital resources (filename: GK_editing_marks_sp.pdf). Students may need to reference this page as they work on the editing activities (Day 4s).

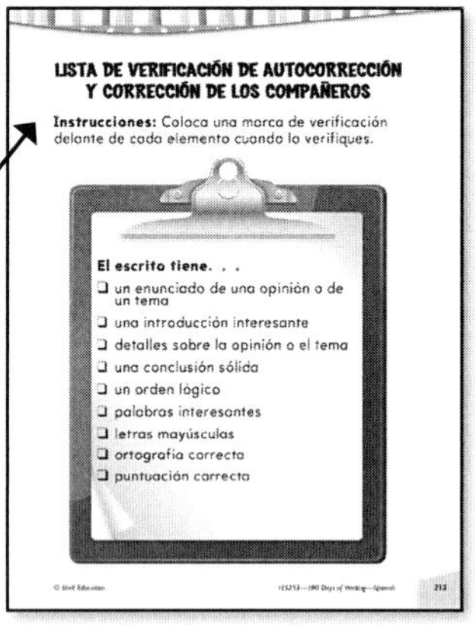
LISTA DE VERIFICACIÓN DE AUTOCORRECCIÓN Y CORRECCIÓN DE LOS COMPAÑEROS

Instrucciones: Coloca una marca de verificación delante de cada elemento cuando lo verifiques.

El escrito tiene. . .
- un enunciado de una opinión o de un tema
- una introducción interesante
- detalles sobre la opinión o el tema
- una conclusión sólida
- un orden lógico
- palabras interesantes
- letras mayúsculas
- ortografía correcta
- puntuación correcta

If you wish to have students peer or self-edit their writing, a *Peer/Self-Editing Checklist* is provided on page 213 and in the digital resources (filename: peer_checklist_sp.pdf).

Writing Signs for each of the writing genres are on pages 210-212 and in the digital resources (filename: GK_writing_signs_sp.pdf). Hang the signs up during the appropriate two-week units to remind students which type of writing they are focusing on.

Writing Tips for each of the writing genres can be found on pages 207–209 and in the digital resources (filename: GK_writing_tips_sp.pdf). Students can reference the appropriate *Writing Tips* pages as they work through the weeks.

HOW TO USE THIS BOOK *(cont.)*

Diagnostic Assessment

Teachers can use the practice pages as diagnostic assessments. The data analysis tools included with the book enable teachers or parents to quickly score students' work and monitor their progress. Teachers and parents can quickly see which writing skills students may need to target further to develop proficiency.

After students complete each two-week unit, score each students' even week Day 5 published piece using the appropriate, genre-specific rubric (pages 199–201). Then, complete the *Practice Page Item Analysis* (pages 202–204) that matches the writing genre. These charts are also provided in the digital resources (filenames: GK_opinion_analysis_sp.pdf, GK_inform_analysis_sp.pdf, GK_narrative_analysis_sp.pdf). Teachers can input data into the electronic files directly on the computer, or they can print the pages and analyze students' work using paper and pencil.

To Complete the Practice Page Item Analyses:

- Write or type students' names in the far-left column. Depending on the number of students, more than one copy of the form may be needed or you may need to add rows.
- The weeks in which the particular writing genres are the focus are indicated across the tops of the charts. **Note:** Students are only assessed on the even weeks, therefore the odd weeks are not included on the charts.
- For each student, record his or her rubric score in the appropriate column.
- Add the scores for each student after they've focused on a particular writing genre twice. Place that sum in the far right column. Use these scores as benchmarks to determine how each student is performing. This allows for three benchmarks during the year that you can use to gather formative diagnostic data.

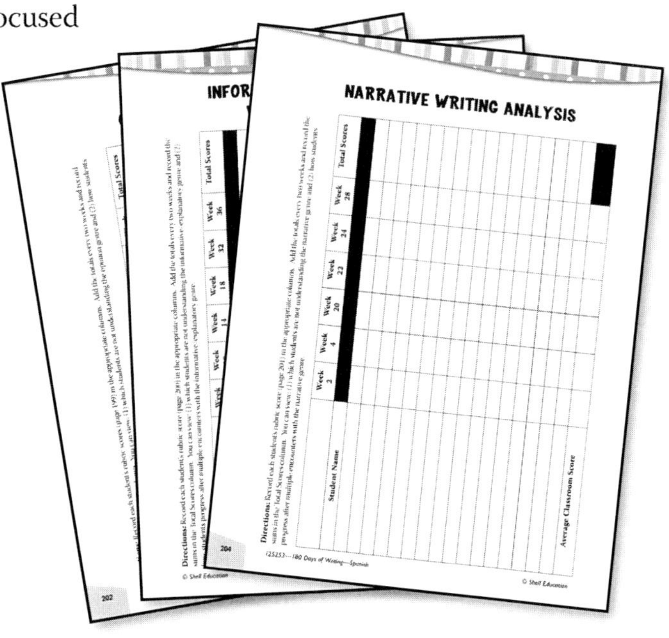

HOW TO USE THIS BOOK *(cont.)*

Using the Results to Differentiate Instruction

Once results are gathered and analyzed, teachers can use the results to inform the way they differentiate instruction. The data can help determine which writing types are the most difficult for students and which students need additional instructional support and continued practice.

Whole-Class Support

The results of the diagnostic analysis may show that the entire class is struggling with a particular writing genre. If these concepts have been taught in the past, this indicates that further instruction or reteaching is necessary. If these concepts have not been taught in the past, this data is a great preassessment and may demonstrate that students do not have a working knowledge of the concepts. Thus, careful planning for the length of the unit(s) or lesson(s) must be considered, and additional front-loading may be required.

Small-Group or Individual Support

The results of the diagnostic analysis may show that an individual student or a small group of students is struggling with a particular writing genre. If these concepts have been taught in the past, this indicates that further instruction or reteaching is necessary. Consider pulling these students aside to instruct them further on the concept(s), while others are working independently. Students may also benefit from extra practice using games or computer-based resources. Teachers can also use the results to help identify individual students or groups of proficient students who are ready for enrichment or above-grade-level instruction. These students may benefit from independent learning contracts or more challenging activities.

Digital Resources

Reference page 214 for information about accessing the digital resources and an overview of the contents.

STANDARDS CORRELATIONS

Shell Education is committed to producing educational materials that are research and standards based. In this effort, we have correlated all of our products to the academic standards of all 50 states, the District of Columbia, the Department of Defense Dependents Schools, and all Canadian provinces.

How to Find Standards Correlations

To print a customized correlation report of this product for your state, visit our website at **www.tcmpub.com/shell-education** and follow the on-screen directions. If you require assistance in printing correlation reports, please contact our Customer Service Department at 1-877-777-3450.

Purpose and Intent of Standards

Legislation mandates that all states adopt academic standards that identify the skills students will learn in kindergarten through grade twelve. Many states also have standards for Pre-K. This same legislation sets requirements to ensure the standards are detailed and comprehensive.

Standards are designed to focus instruction and guide adoption of curricula. Standards are statements that describe the criteria necessary for students to meet specific academic goals. They define the knowledge, skills, and content students should acquire at each level. Standards are also used to develop standardized tests to evaluate students' academic progress.

Teachers are required to demonstrate how their lessons meet state standards. State standards are used in the development of all of our products, so educators can be assured they meet the academic requirements of each state.

The activities in this book are aligned to today's national and state-specific college and career readiness standards. The chart on page 4 lists the writing and language standards used throughout this book. A more detailed chart on pages 5–6 correlates the specific writing standards to each week.

Preescritura
Juegos en el parque

NOMBRE: ____________________

Instrucciones: Lee las notas sobre juegos en el parque. Elige y subraya una nota en cada casilla.

¿Quién?

mi(s) amigo(s) y yo

mi hermana y yo

¿Dónde?

afuera

cerca de mi casa

¿Cuándo?

el domingo

el lunes

Evento 1

Yo subí a un árbol.

Yo almorcé.

Evento 2

Yo fui a los columpios.

Yo jugué fútbol.

NOMBRE: ______________________

Instrucciones: Lee el texto. Luego, subraya cada oración con verde, rojo o azul.

Verde:	**Rojo:**	**Azul:**
introducción	evento	cierre

Yo fui al parque el domingo con mi hermana. Primero, jugamos en los columpios. Luego, bajamos por el tobogán. Lo pasamos muy bien.

Práctica para la letra de molde

Instrucciones: Traza las letras *Pp*. Escríbelas por tu cuenta.

Pp Pp

NOMBRE: ____________________

Instrucciones: Mira la imagen. Encierra los detalles.

Instrucciones: Dibuja tu detalle favorito de la imagen.

NOMBRE: ______________________

Instrucciones: Busca los puntos. Encierra las oraciones correctas.

Ejemplo: Pat se subió a los columpios.
Pat se subió a los columpios

1. Aldo baja por el tobogán

   Aldo baja por el tobogán.

2. Liz juega en la arena.

   Liz juega en la arena

3. Ella corre hacia los columpios.

   Ella corre hacia los columpios

4. Yo estoy en el balancín

   Yo estoy en el balancín.

NOMBRE: ______________________

Instrucciones: Lee el texto. Haz un dibujo. Completa la lista de verificación.

Yo fui al parque el domingo con mi hermana. Primero, nosotros jugamos en los columpios. Luego, bajamos por el tobogán. Lo pasamos muy bien.

Lista de verificación ☑

- ❑ Las oraciones tienen mayúscula inicial.
- ❑ Las oraciones tienen puntuación.
- ❑ Hay espacios entre las palabras.

NOMBRE: ______________________

Instrucciones: Piensa en un día de campo en el parque. Escribe notas sobre el día.

¿Quién?

¿Dónde?

¿Cuándo?

Evento 1

Evento 2

Borrador
Día de campo en el parque

NOMBRE: ______________________

Instrucciones: Escribe sobre el día de campo. Completa la lista de verificación.

Introducción

Yo fui de día de campo con ____
____.

Eventos

Primero, _______________________________________.

Luego, _______________________________________.

Oración de cierre

¡ _______________________________________
y me divertí tanto!

Lista de verificación ☑

- ❑ Tengo una introducción.
- ❑ Tengo eventos.
- ❑ Tengo un cierre.

NOMBRE: ____________________

Instrucciones: Agrega detalles a la imagen.

NOMBRE: ______________________

Corrección · Día de campo en el parque

Instrucciones: Agrega puntos a las oraciones.

Ejemplo: Jim hace volar un papalote.

1. Nic se sienta sobre una manta
2. Ella come un panecillo
3. Yo miro dentro de la canasta
4. El parque es divertido

NOMBRE: ______________________

Instrucciones: Dibuja y escribe sobre el día de campo. Completa la lista de verificación.

Lista de verificación ☑

- ❑ Las oraciones tienen mayúscula inicial.
- ❑ Las oraciones tienen puntuación.
- ❑ Hay espacios entre las palabras.

NOMBRE: ______________________

Instrucciones: Lee las notas sobre un día en la escuela. Elige y subraya una nota en cada casilla.

¿Quién?

mis compañeros y yo

mi maestro y yo

¿Dónde?

en el patio de juegos

en el salón de clases

¿Cuándo?

hoy

ayer

Evento 1

Yo practiqué matemáticas.

Yo jugué en el pasamanos.

Evento 2

Yo bajé por el tobogán.

Yo hice un dibujo.

NOMBRE: ____________________

Instrucciones: Lee el texto. Luego, subraya cada oración con verde, rojo o azul.

Verde:	**Rojo:**	**Azul:**
introducción	evento	cierre

Hoy, yo fui a la escuela. Primero, nosotros hicimos la tarea. Luego, fuimos al recreo. Me divertí mucho en la escuela.

Práctica para la letra de molde

Instrucciones: Traza las letras *Ll*. Escríbelas por tu cuenta.

Ll Ll

Revisión

Lo que hacemos en la escuela

NOMBRE: ____________________

Instrucciones: Mira la imagen. Encierra los detalles.

Instrucciones: Dibuja tu detalle favorito de la imagen.

NOMBRE: ______________________

Instrucciones: Busca los espacios. Encierra las oraciones correctas.

Ejemplo: Jim juega con bloques.
Jimjuega con bloques.

1. Yo leo una historia.

   Yoleo una historia.

2. Élalmuerza.

   Él almuerza.

3. Luz juegaen el recreo.

   Luz juega en el recreo.

4. Nosotros hacemos un rompecabezas.

   Nosotroshacemos un rompecabezas.

NOMBRE: ____________________

Instrucciones: Lee el texto. Haz un dibujo. Completa la lista de verificación.

Hoy, yo fui a la escuela. Primero, nosotros hicimos la tarea. Luego, fuimos al recreo. Me divertí mucho en la escuela.

Lista de verificación ☑

- ☐ Las oraciones tienen mayúscula inicial.
- ☐ Las oraciones tienen puntuación.
- ☐ Hay espacios entre las palabras.

NOMBRE: ______________________

Instrucciones: Piensa en una regla de la escuela que cumplas. Escribe notas sobre ella.

¿Quién?

¿Dónde?

¿Cuándo?

Evento 1

Evento 2

Borrador
Reglas de la escuela

NOMBRE: ____________________

Instrucciones: Escribe sobre una regla de la escuela. Completa la lista de verificación.

Introducción

Yo cumplí una regla con ____________________
____________________.

Eventos

Primero, ____________________.

Luego, ____________________.

Oración de cierre

____
y yo cumplimos reglas.

Lista de verificación ☑

- ❑ Tengo una introducción.
- ❑ Tengo eventos.
- ❑ Tengo un cierre.

NOMBRE: ______________________

Instrucciones: Agrega detalles a la imagen.

NOMBRE: ______________________

Instrucciones: Busca los espacios. Completa las oraciones.

Ejemplo: Yo espero mi turno.
(**Yoespero** o **Yo espero**)

1. Zan levanta ______________________.
(**la mano** o **lamano**)

2. ______________________ escuchar.
(**Élsabe** o **Él sabe**)

3. Ella comparte ______________________.
(**los juguetes** o **losjuguetes**)

NOMBRE: ____________________

Instrucciones: Dibuja y escribe sobre una regla de la escuela. Completa la lista de verificación.

Lista de verificación ☑

- ❑ Las oraciones tienen mayúscula inicial.
- ❑ Las oraciones tienen puntuación.
- ❑ Hay espacios entre las palabras.

Preescritura
¿Primavera u otoño?

NOMBRE: ______________________

Instrucciones: Encierra la imagen que más te gusta.

Opinión: Me gusta. . .

la primavera **el otoño**

Instrucciones: Coloca una marca de verificación junto a la razón.

Razones

____ Me gustan las hojas.

____ Me gusta el sol.

____ Me gustan las flores.

____ Me gustan las nubes.

NOMBRE: ____________________

Instrucciones: Lee el texto. Luego, subraya cada oración con verde, rojo o azul.

Verde:	**Rojo:**	**Azul:**
opinión	detalle	cierre

Me gusta más la primavera que el otoño. Me gusta porque hay muchas cosas divertidas que puedo hacer. La primavera es la mejor estación.

Práctica para la letra de molde

Instrucciones: Traza las letras *Ss*. Escríbelas por tu cuenta.

Ss Ss

NOMBRE: ____________________

Instrucciones: Une las oraciones con las imágenes.

1. A él le gusta la calabaza.

2. Yo planto flores.

3. Ella rebota una pelota.

4. El sol es brillante.

5. Yo veo una hoja.

NOMBRE: ____________________________

Instrucciones: Busca los puntos. Encierra las oraciones correctas.

Ejemplo: Las hojas caen
Las hojas caen. (encerrada)

1. Hay lluvia.

   Hay lluvia

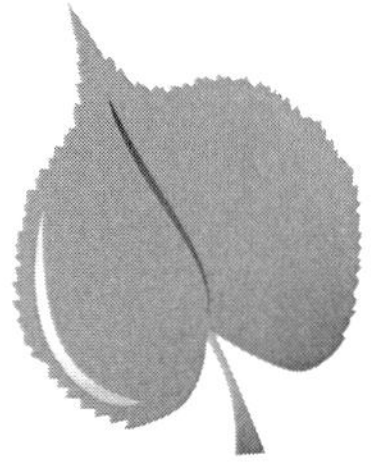

2. Esta es una calabaza.

   Esta es una calabaza

3. La flor es rosada

   La flor es rosada.

4. Me gusta la lluvia.

   Me gusta la lluvia

NOMBRE: ____________________

Instrucciones: Lee el texto. Haz un dibujo. Completa la lista de verificación.

Me gusta más la primavera que el otoño. Me gusta porque hay muchas cosas divertidas que puedo hacer. La primavera es la mejor estación.

Lista de verificación ☑

- ❑ Las oraciones tienen mayúscula inicial.
- ❑ Las oraciones tienen puntuación.
- ❑ Hay espacios entre las palabras.

NOMBRE: ____________________

Instrucciones: Encierra la imagen que más te gusta. Escribe tu opinión. Escribe una razón.

verano **invierno**

Opinión

Me gusta ____________________.

Razón

Me gusta porque ____________________
____________________.

Borrador ¿Verano o invierno?

NOMBRE: ____________________

Instrucciones: Escribe sobre el verano o el invierno. Completa la lista de verificación.

Opinión

El ____________________ es la mejor estación.
(**verano** o **invierno**)

Razón

Me gusta porque ____________________
____________________________________.

Cierre

¡Me encanta el ____________________!
(**verano** o **invierno**)

Lista de verificación ☑

- ❑ Doy a conocer mi opinión.
- ❑ Tengo un detalle.
- ❑ Tengo un cierre.

NOMBRE: ____________________

Instrucciones: Lee las oraciones. Haz dibujos relacionados.

1. Ellos construyen un hombre de nieve.

2. Hace calor.

3. La nieve cae.

NOMBRE: ____________________

Instrucciones: Agrega puntos a las oraciones.

Ejemplo: Hace frío_

1. Me gusta nadar
2. El oso duerme
3. Ellos juegan en la nieve
4. Yo voy a la playa
5. Yo uso un abrigo

NOMBRE: ______________________

Instrucciones: Dibuja y escribe sobre el verano o el invierno. Completa la lista de verificación.

Lista de verificación ☑

- ❑ Las oraciones tienen mayúscula inicial.
- ❑ Las oraciones tienen puntuación.
- ❑ Hay espacios entre las palabras.

NOMBRE: ____________________

Instrucciones: Encierra las imágenes sobre la vista y el olfato.

olfato

perro

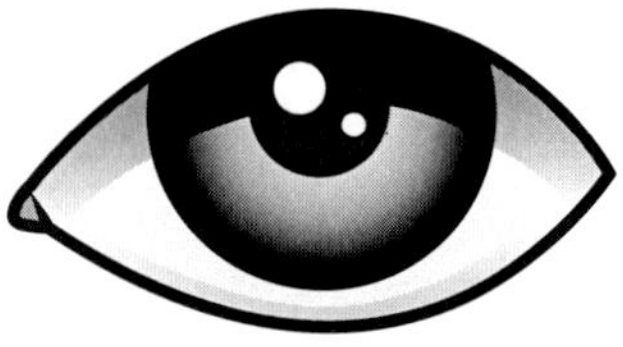

vista

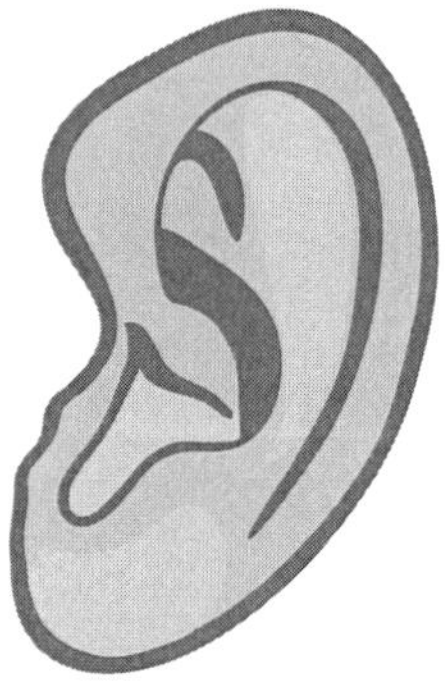

oreja

NOMBRE: ____________________

Instrucciones: Lee el texto. Luego, subraya cada oración con verde, rojo o azul.

Verde:	**Rojo:**	**Azul:**
tema	detalle	cierre

Nosotros tenemos cinco sentidos. Usamos los ojos para ver. Usamos la nariz para oler. ¡Es estupendo tener sentidos!

Práctica para la letra de molde

Instrucciones: Traza las letras *Ee*. Escríbelas por tu cuenta.

Ee Ee

NOMBRE: ______________________

Instrucciones: Elige una palabra. Subráyala.

Ejemplo: Yo (**huelo** u **olfateo**) mi comida.

1. Yo (**veo** o **vi**) a mi mamá.
2. Yo huelo (**una flor** o **un árbol**).
3. Yo veo (**un ave** o **una mariposa**).
4. Me (**gustan** o **encantan**) mis sentidos.

NOMBRE: ____________________

Instrucciones: Busca las letras mayúsculas. Encierra las oraciones correctas.

Ejemplo: Él huele una flor.
él huele una flor.

1. Ella huele una pizza.

   ella huele una pizza.

2. yo veo flores.

   Yo veo flores.

3. Ellos huelen pastelitos.

   ellos huelen pastelitos.

NOMBRE: ____________________

Instrucciones: Lee el texto. Haz un dibujo. Completa la lista de verificación.

Nosotros tenemos cinco sentidos. Usamos los ojos para ver. Usamos la nariz para oler. ¡Es estupendo tener sentidos!

Lista de verificación ☑

- ☐ Las oraciones tienen mayúscula inicial.
- ☐ Las oraciones tienen puntuación.
- ☐ Hay espacios entre las palabras.

NOMBRE: ____________________

Instrucciones: Traza las palabras sobre el gusto y el tacto.

manzana

conejo

gusto y tacto

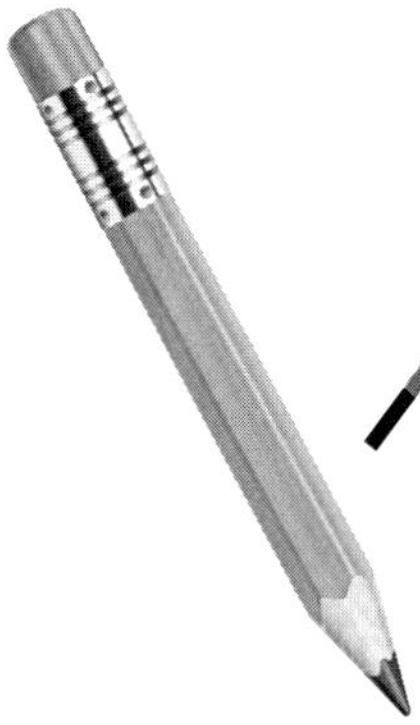

lápiz

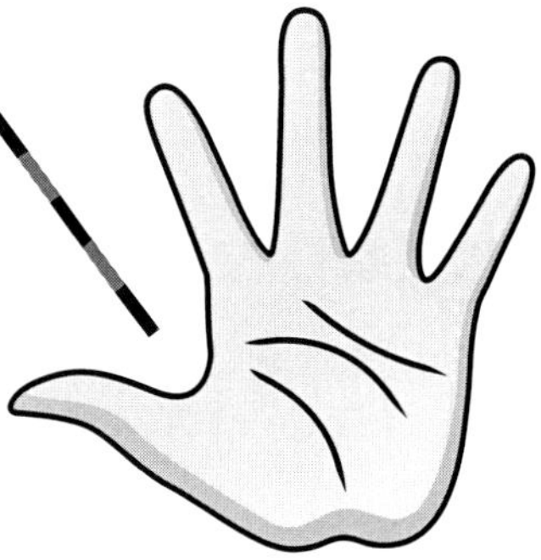

tocar

Borrador
Gusto y tacto

NOMBRE: ____________________

Instrucciones: Escribe sobre el gusto o el tacto. Completa la lista de verificación.

Tema

Yo uso mi sentido del ____________.
(**gusto** o **tacto**)

Detalle

Lo uso para ____________________
____________________________________.

Cierre

Me gusta el ____________________.
(**gusto** o **tacto**)

Lista de verificación ☑

- ❑ Tengo un tema.
- ❑ Tengo un detalle.
- ❑ Tengo un cierre.

NOMBRE: ______________________

Instrucciones: Elige una palabra. Escríbela.

Ejemplo: Yo huelo una flor.
(**rosa** o **flor**)

1. Ella saborea ______________________.
(**una galleta** o **un caramelo**)

2. Él toca una ______________________.
(**cama** o **campana**)

3. Ella toca un ______________________.
(**gato** o **perro**)

4. Él come ______________________.
(**pizza** o **queso**)

Corrección
Gusto y tacto

NOMBRE: ____________________

Instrucciones: Elige la palabra correcta. Escríbela.

Ejemplo: Ellos tocan el gato.
(**Ellos** o **ellos**)

1. ______ saboreo la manzana.
(**Yo** o **yo**)

2. ____________ toca el crayón.
(**él** o **Él**)

3. ____________ toca un caballo.
(**Ella** o **ella**)

4. ______ como galletas.
(**Yo** o **yo**)

NOMBRE: ____________________

Instrucciones: Dibuja y escribe sobre el gusto o el tacto. Completa la lista de verificación.

Lista de verificación ☑

- ☐ Las oraciones tienen mayúscula inicial.
- ☐ Las oraciones tienen puntuación.
- ☐ Hay espacios entre las palabras.

NOMBRE: ____________________________

Instrucciones: Encierra las imágenes sobre bomberos.

casco

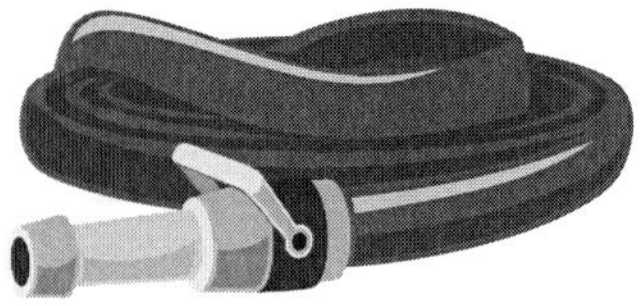

manguera

bomberos

camión

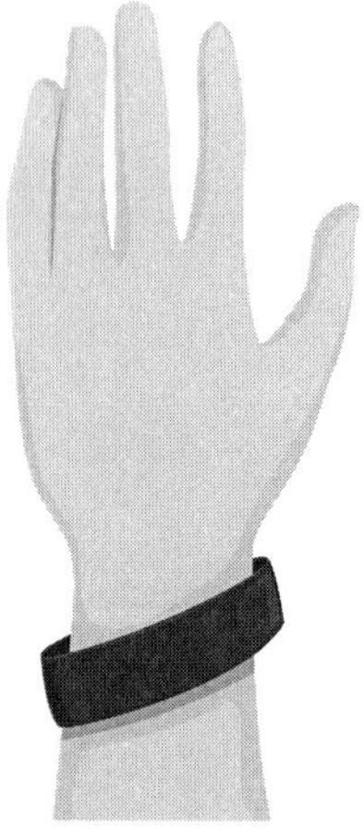

brazalete

NOMBRE: ____________________

Instrucciones: Lee el texto. Luego, subraya cada oración con verde, rojo o azul.

Verde:	**Rojo:**	**Azul:**
tema	detalle	cierre

Los bomberos ayudan a la comunidad. Ellos mantienen a las personas a salvo. Apagan incendios. Los bomberos son héroes.

Práctica para la letra de molde

Instrucciones: Traza las letras *Ff*. Escríbelas por tu cuenta.

Ff Ff

NOMBRE: ____________________

Instrucciones: Elige una palabra. Subráyala.

Ejemplo: Los bomberos (**pueden apagar** o **apagan**) incendios.

1. Los bomberos (**rescatan** o **ayudan**) a las personas.

2. Los bomberos (**conducen** o **dirigen**) camiones.

3. Los bomberos (**usan** o **llevan**) escaleras.

4. Los bomberos (**usan** o **tienen**) chaquetas.

NOMBRE: ____________________

Instrucciones: Busca los puntos. Encierra las oraciones correctas.

Ejemplo: Los bomberos tienen botas
(Los bomberos tienen botas.)

1. Los bomberos rescatan a las personas

   Los bomberos rescatan a las personas.

2. Los bomberos usan escaleras.

   Los bomberos usan escaleras

3. Los bomberos trabajan en estaciones de bomberos.

   Los bomberos trabajan en estaciones de bomberos

NOMBRE: ____________________

Instrucciones: Lee el texto. Haz un dibujo. Completa la lista de verificación.

Los bomberos ayudan a la comunidad. Ellos mantienen a las personas a salvo. Apagan incendios. Los bomberos son héroes.

Lista de verificación ☑

- ❑ Las oraciones tienen mayúscula inicial.
- ❑ Las oraciones tienen puntuación.
- ❑ Hay espacios entre las palabras.

NOMBRE: ______________________

Instrucciones: Traza las palabras sobre oficiales de policía.

automóvil

gorra

oficiales de policía

paleta

placa

Borrador
Oficiales de policía

NOMBRE: ____________________

Instrucciones: Escribe sobre oficiales de policía. Completa la lista de verificación.

Tema

Los oficiales de policía ____________ a las personas.
(**salvan** o **ayudan**)

Detalle

Ellos ____.

Cierre

Los oficiales de policía son ____________.
(**amables** o **valientes**)

Lista de verificación ☑

- ❑ Tengo una oración temática.
- ❑ Tengo un detalle.
- ❑ Tengo un cierre.

NOMBRE: ______________________

Instrucciones: Elige una palabra. Escríbela.

Ejemplo: Los oficiales de policía trabajan ___en___ estaciones de policía.
(**a** o **en**)

1. Los oficiales de policía ________________ mantienen seguros.
(**nos** o **los**)

2. Los oficiales de policía ________________ multas.
(**dan** o **tienen**)

3. Los oficiales de policía ________________ las leyes.
(**obedecen** o **cumplen**)

4. Los oficiales de policía son ________________.
(**amables** o **valientes**)

NOMBRE: ____________________

Instrucciones: Agrega puntos a las oraciones.

Ejemplo: Los oficiales de policía ayudan a las personas_._

1. Los oficiales de policía usan placas
2. Ellos conducen automóviles con sirenas
3. Los oficiales de policía usan uniformes
4. Los oficiales de policía trabajan muy duro
5. Los oficiales de policía son héroes

NOMBRE: ____________________

Instrucciones: Dibuja y escribe sobre oficiales de policía. Completa la lista de verificación.

Lista de verificación ☑

- ❑ Las oraciones tienen mayúscula inicial.
- ❑ Las oraciones tienen puntuación.
- ❑ Hay espacios entre las palabras.

NOMBRE: ____________________

Instrucciones: Encierra la imagen que más te gusta.

Opinión: Me gusta. . .

Humpty Dumpty

Jack y Jill

Instrucciones: Coloca una marca de verificación junto a la razón.

Razones

____ Ellos son simpáticos.

____ Él cae de una pared.

____ Él es divertido.

____ Ellos caen de una colina.

NOMBRE: ____________________

Instrucciones: Lee el texto. Luego, subraya cada oración con verde, rojo o azul.

Verde:	**Rojo:**	**Azul:**
opinión	detalle	cierre

Me gusta "Jack y Jill" más que "Humpty Dumpty". Me gusta porque es divertido. "Jack y Jill" es mi favorito.

Práctica para la letra de molde

Instrucciones: Traza las letras *Jj*. Escríbelas por tu cuenta.

Jj Jj

Revisión

¿Humpty Dumpty o Jack y Jill?

NOMBRE: ____________________

Instrucciones: Une las oraciones con las imágenes.

1. Jack se cayó.

2. Humpty Dumpty se cayó.

3. Jill tenía un cubo.

4. Jack y Jill subieron la colina.

NOMBRE: ____________________

Instrucciones: Busca los espacios. Encierra las oraciones correctas.

Ejemplo: Jack y Jill subieronla colina.
Jack y Jill subieron la colina.

1. Jack se cayó.

   Jack secayó.

2. YJill cayó rodando después.

   Y Jill cayó rodando después.

3. Jack y Jill estaban bien.

   Jacky Jill estaban bien.

NOMBRE: ____________________

Instrucciones: Lee el texto. Haz un dibujo. Completa la lista de verificación.

Me gusta "Jack y Jill" más que "Humpty Dumpty". Me gusta porque es divertido. "Jack y Jill" es mi favorito.

Lista de verificación ☑

- ❑ Las oraciones tienen mayúscula inicial.
- ❑ Las oraciones tienen puntuación.
- ❑ Hay espacios entre las palabras.

NOMBRE: ______________________

Instrucciones: Encierra la imagen que más te gusta. Escribe tu opinión. Escribe una razón.

Witsi witsi araña

Pequeña Bo Pip

Opinión

Me gusta ______________________.

Razón

Me gusta porque ______________________
______________________.

Borrador

¿Witsi witsi araña o Pequeña Bo Pip?

NOMBRE: ____________________

Instrucciones: Escribe sobre "Witsi witsi araña" o "Pequeña Bo Pip". Completa la lista de verificación.

Opinión

____

("**Witsi witsi araña**" o "**Pequeña Bo Pip**")

es la mejor rima.

Razón

Me gusta porque ______________________

______________________________________.

Cierre

Me encanta ______________________.

("**Witsi witsi araña**" o "**Pequeña Bo Pip**")

Lista de verificación ☑

- ❑ Doy a conocer mi opinión.
- ❑ Tengo un detalle.
- ❑ Tengo un cierre.

NOMBRE: ____________________

Instrucciones: Lee las oraciones. Haz dibujos relacionados.

1. Yo veo una araña.

2. Hay una oveja.

3. Pequeña Bo Pip está triste.

NOMBRE: ____________________

Instrucciones: Elige las palabras. Escríbelas.

Ejemplo: A ella le gustan
(**A ellale gustan** o **A ella le gustan**)
sus ovejas.

1. Sus ovejas ____________________.
(**estánperdidas** o **están perdidas**)

2. La araña sube por ____________________.
(**una telaraña** o **unatelaraña**)

3. Yo veo ____________________.
(**unaoveja** o **una oveja**)

4. ____________________ la araña.
(**Yo veo** o **Yoveo**)

NOMBRE: ______________________

Instrucciones: Dibuja y escribe sobre "Witsi witsi araña" o "Pequeña Bo Pip". Completa la lista de verificación.

Lista de verificación ☑

- ❏ Las oraciones tienen mayúscula inicial.
- ❏ Las oraciones tienen puntuación.
- ❏ Hay espacios entre las palabras.

NOMBRE: ______________________________

Instrucciones: Encierra las imágenes sobre el sol y la luna.

caliente

silla

sol y luna

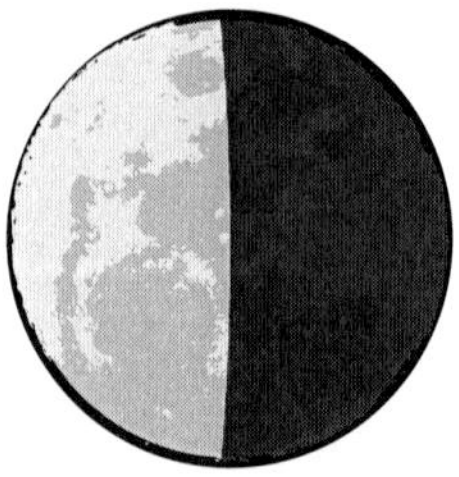

media luna

luna menguante

NOMBRE: ____________________

Instrucciones: Lee el texto. Luego, subraya cada oración con verde, rojo o azul.

Verde:	**Rojo:**	**Azul:**
tema	detalle	cierre

El sol y la luna están en el cielo. El sol sale de día. La luna sale por la noche. Ambos son importantes para la Tierra.

Práctica para la letra de molde

Instrucciones: Traza las letras *Mm*. Escríbelas por tu cuenta.

Mm Mm

NOMBRE: ____________________

Instrucciones: Elige una palabra. Subráyala.

Ejemplo: El sol y la luna son (**grandes** o **enormes**).

1. El sol es una estrella (**grande** o **enorme**).
2. (**El sol** o **La luna**) está en el cielo.
3. La Tierra (**tiene** u **obtiene**) luz del sol.
4. Nosotros (**vemos** o **vimos**) la luna por la noche.

NOMBRE: ____________________

Instrucciones: Busca las letras mayúsculas. Encierra las oraciones correctas.

Ejemplo: El sol es una estrella grande.
el sol es una estrella grande.

1. el sol es brillante.

   El sol es brillante.

2. La luna es más pequeña que la Tierra.

   la luna es más pequeña que la Tierra.

3. el sol es caliente.

   El sol es caliente.

NOMBRE: ____________________

Instrucciones: Lee el texto. Haz un dibujo. Completa la lista de verificación.

El sol y la luna están en el cielo. El sol sale de día. La luna sale por la noche. Ambos son importantes para la Tierra.

Lista de verificación ☑

- ☐ Las oraciones tienen mayúscula inicial.
- ☐ Las oraciones tienen puntuación.
- ☐ Hay espacios entre las palabras.

NOMBRE: ____________________

Instrucciones: Traza las palabras sobre las características de la Tierra.

montaña

lago

colina

glaciar

NOMBRE: ______________________

Borrador · Tierra

Instrucciones: Escribe sobre la Tierra. Completa la lista de verificación.

Tema

Hay ______________________ cosas
(**montones de** o **muchas**)

sobre la Tierra.

Detalle

La Tierra tiene ______________________

______________________________________.

Cierre

La Tierra es ______________________.

Lista de verificación ☑

- ❑ Tengo una oración temática.
- ❑ Tengo un detalle.
- ❑ Tengo un cierre.

NOMBRE: ____________________

Instrucciones: Elige una palabra. Escríbela.

Ejemplo: Hay ocho planetas.
(**ocho** u **8**)

1. La Tierra ____________ alrededor del sol.
(**se mueve** o **viaja**)

2. La Tierra tiene ____________ luna.
(**1** o **una**)

3. La Tierra es ____________.
(**extensa** o **grande**)

4. La Tierra ____________ energía del sol.
(**tiene** u **obtiene**)

NOMBRE: ____________________

Corrección ⋮ Tierra

Instrucciones: Elige la palabra correcta. Escríbela.

Ejemplo: ______ planeta Júpiter es grande.
(**el** o **El**)

1. ______ planetas se mueven alrededor del sol.
(**los** o **Los**)

2. ______ ocho planetas.
(**Hay** o **hay**)

3. ______ planeta Tierra es mayormente agua.
(**el** o **El**)

NOMBRE: ______________________

Instrucciones: Dibuja y escribe sobre la Tierra. Completa la lista de verificación.

Lista de verificación ☑

- ☐ Las oraciones tienen mayúscula inicial.
- ☐ Las oraciones tienen puntuación.
- ☐ Hay espacios entre las palabras.

NOMBRE: ______________________

Instrucciones: Encierra la imagen que más te gusta.

Opinión: Me gusta. . .

la Navidad **el Día de San Patricio**

Instrucciones: Coloca una marca de verificación junto a la razón.

Razones

____ Nosotros usamos ropa verde.

____ Nosotros decoramos un árbol.

____ Nosotros abrimos regalos.

____ Hay vasijas con oro.

NOMBRE: ____________________

Instrucciones: Lee el texto. Luego, subraya cada oración con verde, rojo o azul.

Verde:	**Rojo:**	**Azul:**
opinión	detalle	cierre

Me gusta el Día de San Patricio. Me gusta porque uso ropa verde. ¡Me encanta el Día de San Patricio!

Práctica para la letra de molde

Instrucciones: Traza las letras *Cc*. Escríbelas por tu cuenta.

Cc Cc

NOMBRE: ______________________

Instrucciones: Une las oraciones con las imágenes.

1. Yo abro regalos.

2. Yo veo un trébol.

3. Yo decoro un árbol.

4. Yo veo una vasija con oro.

NOMBRE: ______________________

Instrucciones: Busca errores de ortografía. Encierra las oraciones correctas.

Ejemplo: Navidad ess el 25 de diciembre.
Navidad es el 25 de diciembre.

1. El Día de San Patricio es el 17 de marzo.

   El Día de San Patricios es el 17 de marzo.

2. Las personas abren regalos enn Navidad.

   Las personas abren regalos en Navidad.

3. Las personas usan ropa verde el Día de San Patricio.

   Las personas usan ropa verde eel Día de San Patricio.

NOMBRE: ____________________

Instrucciones: Lee el texto. Haz un dibujo. Completa la lista de verificación.

Me gusta el Día de San Patricio.
Me gusta porque uso ropa verde.
¡Me encanta el Día de San Patricio!

Lista de verificación ☑

- ☐ Las oraciones tienen mayúscula inicial.
- ☐ Las oraciones tienen puntuación.
- ☐ Hay espacios entre las palabras.

NOMBRE: ____________________

Instrucciones: Encierra la imagen que más te gusta. Escribe tu opinión. Escribe una razón.

Día de San Valentín

Halloween

Opinión

Me gusta ____________________.

Razón

Me gusta porque ____________________
____________________________________.

NOMBRE: ______________________

Borrador

¿Día de San Valentín o Halloween?

Instrucciones: Escribe sobre el Día de San Valentín o Halloween. Completa la lista de verificación.

Opinión

____

(**El Día de San Valentín** o **Halloween**)

es el mejor día festivo.

Razón

Me gusta porque ______________________

____.

Cierre

Me encanta ______________________.

(**el Día de San Valentín** o **Halloween**)

Lista de verificación ☑

- ❑ Doy a conocer mi opinión.
- ❑ Tengo un detalle.
- ❑ Tengo un cierre.

NOMBRE: ____________________

Instrucciones: Lee las oraciones. Haz dibujos relacionados.

1. Yo veo una calabaza de Halloween.

2. Me gustan los corazones.

3. Yo veo una bruja.

Corrección

¿Día de San Valentín o Halloween?

NOMBRE: ____________________

Instrucciones: Elige la palabra correcta. Escríbela.

Ejemplo: El Día de San Valentín es el 14 de febrero.
(**es** o **ess**)

1. Halloween ____________ ser divertido.
(**puede** o **pueede**)

2. Las personas se visten ____________ disfraces.
(**coon** o **con**)

3. Las personas dan tarjetas ____________ el Día de San Valentín.
(**enn** o **en**)

NOMBRE: ____________________

Instrucciones: Dibuja y escribe sobre el Día de San Valentín o Halloween. Completa la lista de verificación.

Publicación

¿Día de San Valentín o Halloween?

Lista de verificación ☑

- ☐ Las oraciones tienen mayúscula inicial.
- ☐ Las oraciones tienen puntuación.
- ☐ Hay espacios entre las palabras.

NOMBRE: ______________________

Instrucciones: Encierra las imágenes sobre animales del océano.

pez

ballena

tigre

cangrejo

NOMBRE: ______________________

Instrucciones: Lee el texto. Luego, subraya cada oración con verde, rojo o azul.

Verde:	**Rojo:**	**Azul:**
tema	detalle	cierre

Muchos animales viven en el océano. Hay ballenas y tiburones. Hay muchos peces coloridos. Los animales del océano son muy interesantes.

Práctica para la letra de molde abc

Instrucciones: Traza la palabra. Escríbela por tu cuenta.

viven

NOMBRE: ____________________

Instrucciones: Elige una palabra. Subráyala.

Ejemplo: Yo (**veo** o **vi**) un pez.

1. Un cangrejo vive en el (**mar** u **océano**).

2. El océano es (**grande** o **extenso**).

3. Hay (**muchos** o **pocos**) animales.

4. (**Las ballenas** o **Los tiburones**) viven en el océano.

NOMBRE: ____________________

Instrucciones: Busca los signos de interrogación. Encierra las oraciones correctas.

Ejemplo: ¿Vive un cangrejo en una caracola?
Vive un cangrejo en una caracola.

1. Qué tamaño tiene una ballena.

   ¿Qué tamaño tiene una ballena?

2. ¿Tiene ocho brazos un pulpo?

   Tiene ocho brazos un pulpo.

3. ¿Duermen los peces detrás de rocas?

   Duermen los peces detrás de rocas.

Publicación
Animales del océano

NOMBRE: ____________________

Instrucciones: Lee el texto. Haz un dibujo. Completa la lista de verificación.

Muchos animales viven en el océano. Hay ballenas y tiburones. Hay muchos peces coloridos. Los animales del océano son muy interesantes.

Lista de verificación ☑

- ❑ Las oraciones tienen mayúscula inicial.
- ❑ Las oraciones tienen puntuación.
- ❑ Hay espacios entre las palabras.

NOMBRE: ______________________

Instrucciones: Traza las palabras sobre animales terrestres.

elefante

caballo

animales terrestres

león

oso

Borrador · Animales terrestres

NOMBRE: ______________________

Instrucciones: Escribe sobre animales terrestres. Completa la lista de verificación.

Tema

Los animales terrestres son ______________________
______________________.

Detalle

Ellos ______________________
______________________.

Cierre

Me ______________________ los animales terrestres.

Lista de verificación ☑

- ☐ Tengo una oración temática.
- ☐ Tengo un detalle.
- ☐ Tengo un cierre.

NOMBRE: ____________________

Instrucciones: Elige una palabra. Escríbela.

Ejemplo: Un león es un animal sensacional.
(**tigre** o **león**)

1. Un elefante es ____________________.
(**grande** o **enorme**)

2. Me gustan los ____________________.
(**caballos** o **monos**)

3. Un oso come ____________________.
(**peces** o **alimentos**)

NOMBRE: ____________________

Corrección
Animales terrestres

Instrucciones: Agrega signos de interrogación a las oraciones.

Ejemplo: ¿Es grande el león?

1. Ves el elefante

2. Es rápido el tigre

3. Dónde están los caballos

4. Qué come un oso

NOMBRE: ____________________

Instrucciones: Dibuja y escribe sobre animales terrestres. Completa la lista de verificación.

Lista de verificación ☑

- ❑ Las oraciones tienen mayúscula inicial.
- ❑ Las oraciones tienen puntuación.
- ❑ Hay espacios entre las palabras.

Preescritura
Granjas

NOMBRE: ____________________

Instrucciones: Lee las notas sobre la vida en una granja. Elige y subraya una nota en cada casilla.

¿Quién?

mi tío y yo

mi primo y yo

¿Dónde?

en Texas

en Montana

¿Cuándo?

en las vacaciones

la semana pasada

Evento 1

Caminamos por la granja.

Anduvimos en un tractor.

Evento 2

Alimentamos los animales.

Comimos una gran cena.

NOMBRE: ____________________

Instrucciones: Lee el texto. Luego, subraya cada oración con verde, rojo o azul.

Verde:	**Rojo:**	**Azul:**
introducción	evento	cierre

Yo fui de vacaciones. Fui a la granja de mi tío. Primero, anduvimos en un tractor. Luego, comimos una gran cena. ¡Fue muy divertido!

Práctica para la letra de molde

Instrucciones: Traza la palabra. Escríbela por tu cuenta.

tiene

NOMBRE: ____________________

Instrucciones: Mira la imagen. Encierra los detalles.

Instrucciones: Dibuja tu detalle favorito de la imagen.

NOMBRE: ______________________

Instrucciones: Mira la ortografía. Encierra las oraciones correctas.

Ejemplo: El cerdo puebe gruñir.
El cerdo puede gruñir.

1. Una vaca puede dar leche.

   Una vaca peude dar leche.

2. Le granjero monta a caballo.

   El granjero monta a caballo.

3. Un pato grazna.

   Un panto grazna.

NOMBRE: ______________________

Instrucciones: Lee el texto. Haz un dibujo. Completa la lista de verificación.

Yo fui de vacaciones. Fui a la granja de mi tío. Primero, anduvimos en un tractor. Luego, comimos una gran cena. ¡Fue muy divertido!

Lista de verificación ☑

- ❑ Las oraciones tienen mayúscula inicial.
- ❑ Las oraciones tienen puntuación.
- ❑ Hay espacios entre las palabras.

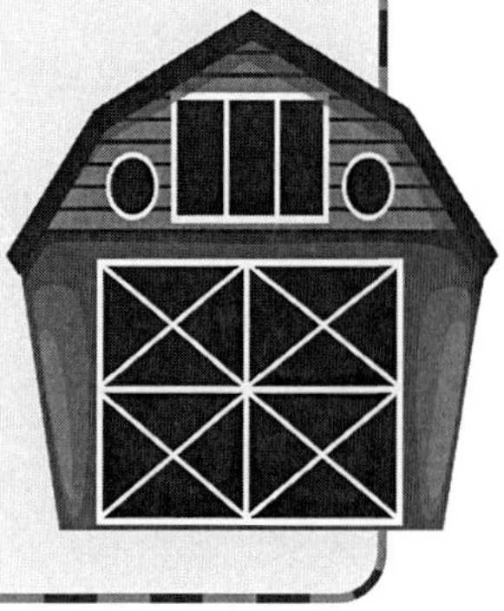

NOMBRE: ____________________

Instrucciones: Imagina que visitas un bosque. Escribe notas sobre el día.

¿Quién?

¿Dónde?

¿Cuándo?

Evento 1

Evento 2

Borrador : Bosques

NOMBRE: ____________________

Instrucciones: Escribe sobre un bosque. Completa la lista de verificación.

Introducción

Yo fui al bosque con ________________________________

____.

Eventos

Primero, ____.

Luego, ____.

Oración de cierre

¡ ____

y me divertí tanto!

Lista de verificación ☑

- ❑ Tengo una introducción.
- ❑ Tengo eventos.
- ❑ Tengo un cierre.

NOMBRE: ____________________

Instrucciones: Agrega detalles a la imagen.

NOMBRE: ____________________

Corrección
Bosques

Instrucciones: Elige la palabra correcta. Escríbela.

Ejemplo: Nosotros
(**Nosotros** o **Nossotros**)
visitamos el bosque.

1. El bosque ______________ oscuro.
(**ess** o **es**)

2. ______________ bosque es grande.
(**El** o **Ell**)

3. ¿Podemos ______________ al bosque?
(**irr** o **ir**)

NOMBRE: ____________________

Instrucciones: Dibuja y escribe sobre un bosque. Completa la lista de verificación.

Lista de verificación ☑

- ❑ Las oraciones tienen mayúscula inicial.
- ❑ Las oraciones tienen puntuación.
- ❑ Hay espacios entre las palabras.

Preescritura
Fútbol

NOMBRE: ______________________

Instrucciones: Lee las notas sobre un partido de fútbol. Elige y subraya una nota en cada casilla.

¿Quién?

mi equipo y yo

mi familia y yo

¿Dónde?

en el parque

en la cancha

¿Cuándo?

ayer

sábado

Evento 1

Pateé la pelota.

Corrí de un lado a otro.

Evento 2

Anoté un gol.

Pasé la pelota.

NOMBRE: ____________________

Instrucciones: Lee el texto. Luego, subraya cada oración con verde, rojo o azul.

Verde:	**Rojo:**	**Azul:**
introducción	evento	cierre

Tuve un partido de fútbol el sábado. Primero, pateé la pelota. Luego, anoté un gol. ¡El equipo jugó un gran partido!

Práctica para la letra de molde abc

Instrucciones: Traza la palabra. Escríbela por tu cuenta.

un un

NOMBRE: ____________________

Instrucciones: Mira la imagen. Encierra los detalles.

Instrucciones: Dibuja tu detalle favorito de la imagen.

NOMBRE: ____________________

Instrucciones: Busca las letras mayúsculas. Encierra las oraciones correctas.

Ejemplo: Fui al partido con Jane.
Fui al partido con jane.

1. aldo pateó la pelota.

   Aldo pateó la pelota.

2. María anotó un gol.

   maría anotó un gol.

3. Tim ganó un premio.

   tim ganó un premio.

NOMBRE: ____________________

Instrucciones: Lee el texto. Haz un dibujo. Completa la lista de verificación.

Tuve un partido de fútbol el sábado. Primero, pateé la pelota. Luego, anoté un gol. ¡El equipo jugó un gran partido!

Lista de verificación ☑

- ❑ Las oraciones tienen mayúscula inicial.
- ❑ Las oraciones tienen puntuación.
- ❑ Hay espacios entre las palabras.

NOMBRE: ____________________

Instrucciones: Piensa en un partido de béisbol. Escribe notas sobre él.

¿Quién?

¿Dónde?

¿Cuándo?

Evento 1

Evento 2

NOMBRE: ____________________

Borrador · Béisbol

Instrucciones: Escribe sobre un partido de béisbol. Completa la lista de verificación.

Introducción

Yo fui a un partido de béisbol con
____.

Eventos

Primero, ____________________________________.

Luego, _____________________________________.

Oración de cierre

¡ ____
y tuve una gran día!

Lista de verificación ☑

- ❑ Tengo una introducción.
- ❑ Tengo eventos.
- ❑ Tengo un cierre.

NOMBRE: ____________________

Instrucciones: Agrega detalles a la imagen.

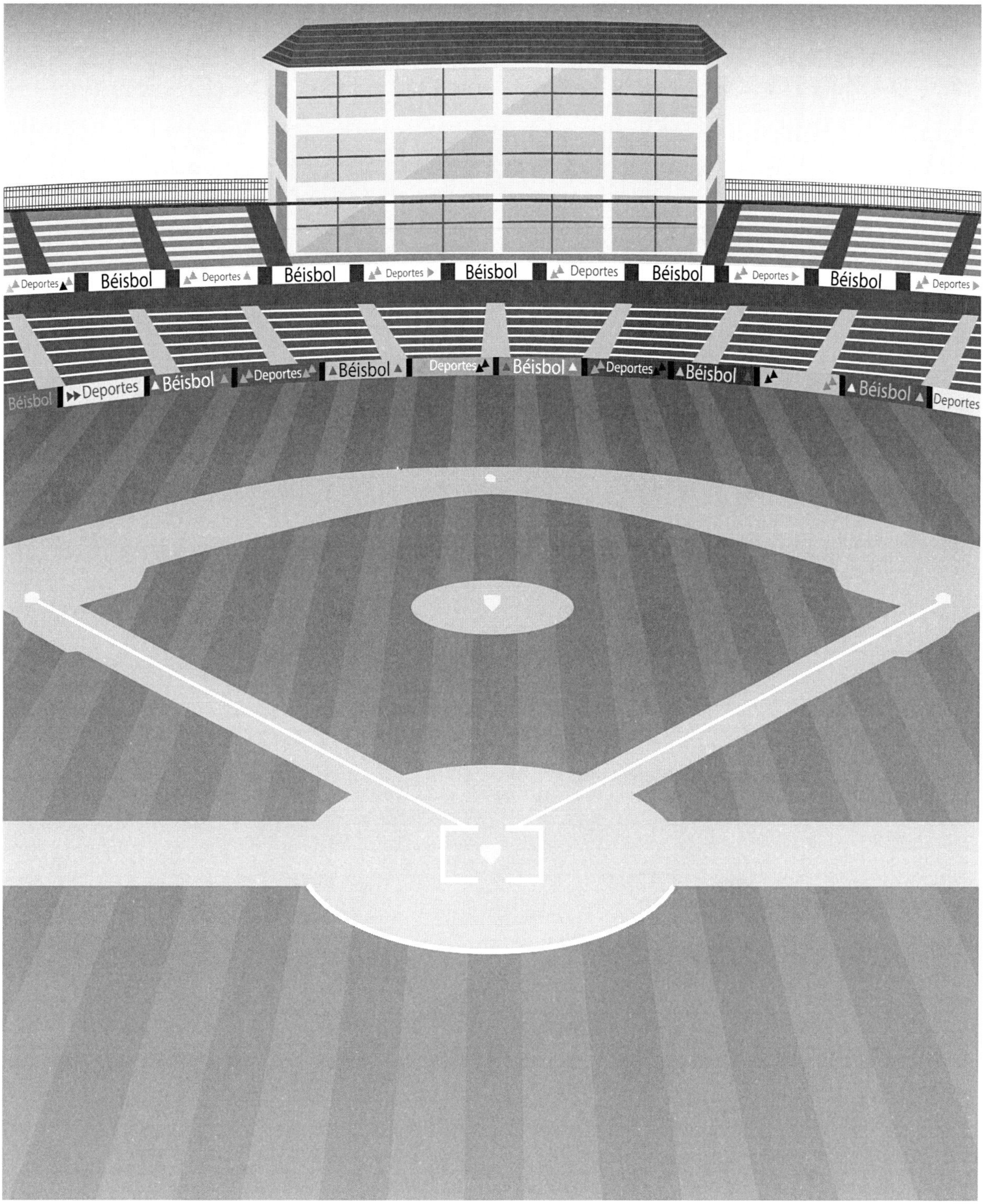

Corrección
Béisbol

NOMBRE: ______________________

Instrucciones: Elige la palabra correcta. Escríbela.

Ejemplo: Yo corrí hasta la base.
(**Yo** o **yo**)

1. ______________________ jugamos béisbol con Nick.
(**Nosotros** o **nosotros**)

2. ______________ bateé la pelota.
(**Yo** o **yo**)

3. ¡______________________ equipo ganó!
(**nuestro** o **Nuestro**)

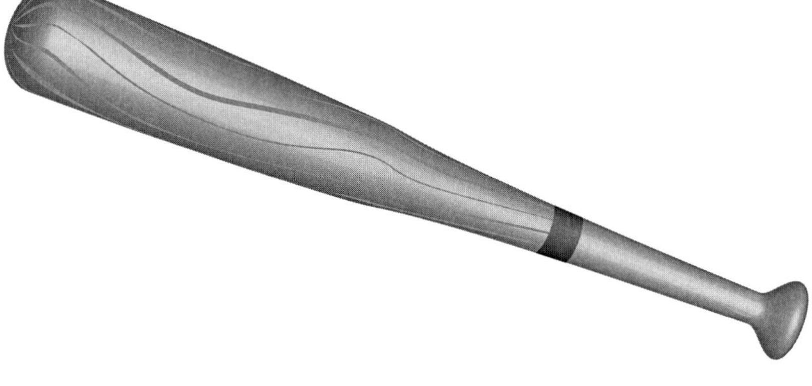

NOMBRE: ______________________

Instrucciones: Dibuja y escribe sobre un partido de béisbol. Completa la lista de verificación.

Lista de verificación ☑

- ❑ Las oraciones tienen mayúscula inicial.
- ❑ Las oraciones tienen puntuación.
- ❑ Hay espacios entre las palabras.

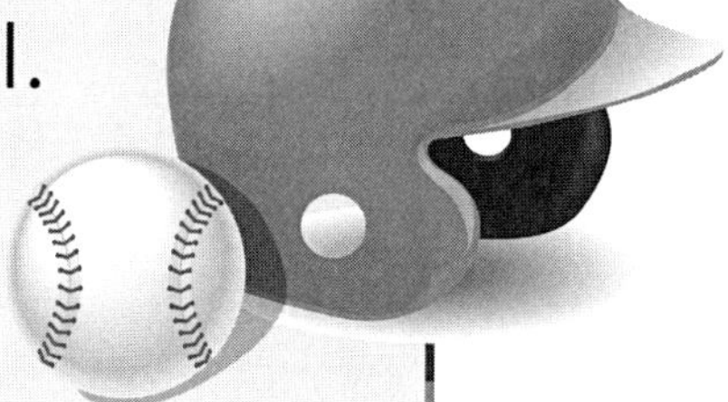

NOMBRE: ____________________

Preescritura
Familia

Instrucciones: Lee las notas sobre un día con tu familia. Elige y subraya una nota en cada casilla.

¿Quién?

mis primos y yo

mis padres y yo

¿Dónde?

en el cine

en el parque

¿Cuándo?

la semana pasada

ayer

Evento 1

Compramos refrigerios.

Jugamos en el patio de juegos.

Evento 2

Almorzamos.

Miramos una película.

NOMBRE: ____________________

Instrucciones: Lee el texto. Luego, subraya cada oración con verde, rojo o azul.

Verde:	**Rojo:**	**Azul:**
introducción	evento	cierre

La semana pasada, mis primos y yo fuimos al cine. Primero, comimos palomitas de maíz y caramelos. Luego, miramos una película divertida. ¡Nos divertimos mucho!

Práctica para la letra de molde abc

Instrucciones: Traza la palabra. Escríbela por tu cuenta.

mis

Revisión
Familia

NOMBRE: ____________________

Instrucciones: Mira la imagen. Encierra los detalles.

Instrucciones: Dibuja tu detalle favorito de la imagen.

NOMBRE: ____________________

Instrucciones: Busca los puntos. Encierra las oraciones correctas.

Ejemplo: Mi familia cena.
Mi familia cena

1. Mi familia juega juegos

   Mi familia juega juegos.

2. Mi familia se divierte.

   Mi familia se divierte

3. Nosotros vamos al parque.

   Nosotros vamos al parque

NOMBRE: ______________________

Publicación · Familia

Instrucciones: Lee el texto. Haz un dibujo. Completa la lista de verificación.

La semana pasada, mis primos y yo fuimos al cine. Primero, comimos palomitas de maíz y caramelos. Luego, miramos una película divertida. ¡Nos divertimos mucho!

Lista de verificación ☑

- ❑ Las oraciones tienen mayúscula inicial.
- ❑ Las oraciones tienen puntuación.
- ❑ Hay espacios entre las palabras.

NOMBRE: ______________________

Instrucciones: Piensa en un momento en que hiciste algo con tus amigos. Escribe notas sobre el día.

¿Quién?

¿Dónde?

¿Cuándo?

Evento 1

Evento 2

NOMBRE: ____________________

Borrador : Amigos

Instrucciones: Escribe sobre un día con tus amigos. Completa la lista de verificación.

Introducción

Yo pasé un día con ____________________
____________________.

Eventos

Primero, ____________________.

Luego, ____________________.

Oración de cierre

¡ ____________________
y lo pasamos muy bien!

Lista de verificación ☑

- ❑ Tengo una introducción.
- ❑ Tengo eventos.
- ❑ Tengo un cierre.

NOMBRE: ____________________

Instrucciones: Agrega detalles a la imagen.

NOMBRE: ____________________

Instrucciones: Agrega puntos a las oraciones.

Ejemplo: Matt comparte los bloques con Paul_._

1. Él escucha a Bill
2. Kevin y Cole ayudan
3. Tara y Ben son amigos
4. Yo juego con María

NOMBRE: ____________________

Instrucciones: Dibuja y escribe sobre tu(s) amigo(s). Completa la lista de verificación.

Lista de verificación ☑

- ❑ Las oraciones tienen mayúscula inicial.
- ❑ Las oraciones tienen puntuación.
- ❑ Hay espacios entre las palabras.

NOMBRE: ____________________

Instrucciones: Encierra la imagen que más te gusta.

Opinión: Me gustan. . .

los hámsteres **los conejos**

Instrucciones: Coloca una marca de verificación junto a la razón.

Razones

____ Ellos corren sobre ruedas.

____ Ellos comen hortalizas.

____ Ellos se suben a los brazos.

____ Ellos saltan.

NOMBRE: ______________________

Instrucciones: Lee el texto. Luego, subraya cada oración con verde, rojo o azul.

Verde:	**Rojo:**	**Azul:**
opinión	detalle	cierre

Me gustan los hámsteres más que los conejos. Me gustan porque son pequeños y adorables. ¡Los hámsteres son las mejores mascotas!

Práctica para la letra de molde

Instrucciones: Traza la palabra. Escríbela por tu cuenta.

gusta

NOMBRE: ____________________

Instrucciones: Une las oraciones con las imágenes.

1. Los conejos son adorables.

2. Los hámsteres corren sobre ruedas.

3. Los conejos comen zanahorias.

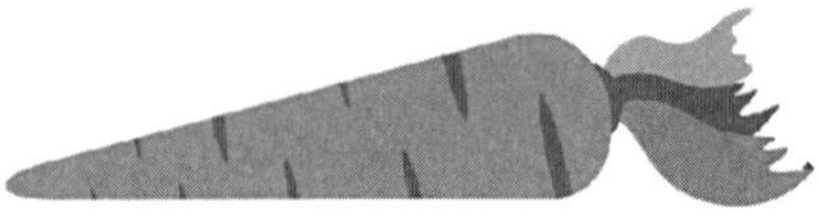

4. Los hámsteres comen maíz.

NOMBRE: ____________________

Instrucciones: Busca las letras mayúsculas. Encierra las oraciones correctas.

Ejemplo: mi hámster se arrastra sobre el brazo.
Mi hámster se arrastra sobre el brazo.

1. A un conejo le gusta saltar.

   a un conejo le gusta saltar.

2. A los hámsteres les gustan las caricias.

   a los hámsteres les gustan las caricias.

3. veo que un hámster corre.

   Veo que un hámster corre.

NOMBRE: ______________________

Instrucciones: Lee el texto. Haz un dibujo. Completa la lista de verificación.

Me gustan los hámsteres más que los conejos. Me gustan porque son pequeños y adorables. ¡Los hámsteres son las mejores mascotas!

Lista de verificación ☑

- ☐ Las oraciones tienen mayúscula inicial.
- ☐ Las oraciones tienen puntuación.
- ☐ Hay espacios entre las palabras.

NOMBRE: ____________________

Instrucciones: Encierra la imagen que más te gusta. Escribe tu opinión. Escribe una razón.

perro **gato**

Opinión

Me gusta ____________________.

Razón

Me gusta porque ____________________
____________________.

NOMBRE: ____________________

Instrucciones: Escribe sobre un perro o un gato. Completa la lista de verificación.

Opinión

____________ es la mejor mascota.
(**Un perro** o **Un gato**)

Razón

Me gusta porque ____________
____________________________.

Cierre

Me encantan los ____________.
(**perros** o **gatos**)

Lista de verificación ☑

- ❑ Doy a conocer mi opinión.
- ❑ Tengo un detalle.
- ❑ Tengo un cierre.

NOMBRE: ______________________

Instrucciones: Lee las oraciones. Haz dibujos relacionados.

1. A los perros les gusta ladrar.

2. Un gato es peludo.

3. Al gato le gusta ronronear.

Corrección

¿Perros o gatos de mascota?

NOMBRE: ______________________

Instrucciones: Elige la palabra correcta. Escríbela.

Ejemplo: Algunos perros son lanudos.
(**Algunos** o **algunos**)

1. ______________ gato maúlla.
(**un** o **Un**)

2. ______________ perro ladra.
(**El** o **el**)

3. ______________ gatos son negros.
(**Algunos** o **algunos**)

NOMBRE: ______________________

Instrucciones: Dibuja o escribe sobre un gato o un perro. Completa la lista de verificación.

Lista de verificación ☑

- ☐ Las oraciones tienen mayúscula inicial.
- ☐ Las oraciones tienen puntuación.
- ☐ Hay espacios entre las palabras.

Preescritura
Mi cumpleaños

NOMBRE: ____________________

Instrucciones: Lee las notas sobre tu cumpleaños. Elige y subraya una nota en cada casilla.

¿Quién?

mi familia y yo

mis amigos y yo

¿Dónde?

en el parque

en la casa

¿Cuándo?

mi quinto cumpleaños

mi sexto cumpleaños

Evento 1

Yo rompí la piñata.

Yo abrí los regalos.

Evento 2

Comimos pastel.

Jugamos un juego.

NOMBRE: ____________________

Instrucciones: Lee el texto. Luego, subraya cada oración con verde, rojo o azul.

Verde:	**Rojo:**	**Azul:**
introducción	evento	cierre

En mi sexto cumpleaños, fuimos al parque. Primero, jugamos juegos. Luego, comimos pastel. Fue mi cumpleaños favorito.

Práctica para la letra de molde

Instrucciones: Traza la palabra. Escríbela por tu cuenta.

fue

NOMBRE: ______________________

Instrucciones: Mira la imagen. Encierra los detalles.

Instrucciones: Dibuja tu detalle favorito de la imagen.

NOMBRE: ____________________

Instrucciones: Busca las letras mayúsculas. Encierra las oraciones correctas.

Ejemplo: el cumpleaños de Tess es el 14 de octubre.
El cumpleaños de Tess es el 14 de octubre.

1. su cumpleaños es el 9 de julio.

   Su cumpleaños es el 9 de julio.

2. El cumpleaños de Alan es el 22 de agosto.

   el cumpleaños de Alan es el 22 de agosto.

3. su cumpleaños es el 29 de mayo.

   Su cumpleaños es el 29 de mayo.

NOMBRE: ______________________

Instrucciones: Lee el texto. Haz un dibujo. Completa la lista de verificación.

En mi sexto cumpleaños, fuimos al parque. Primero, jugamos juegos. Luego, comimos pastel. Fue mi cumpleaños favorito.

Lista de verificación ☑

- ❑ Las oraciones tienen mayúscula inicial.
- ❑ Las oraciones tienen puntuación.
- ❑ Hay espacios entre las palabras.

NOMBRE: ____________________

Instrucciones: Piensa en un momento en que fuiste a una fiesta de cumpleaños. Escribe notas sobre el día.

¿Quién?

¿Dónde?

¿Cuándo?

Evento 1

Evento 2

NOMBRE: ____________________

Borrador

Fiesta favorita de cumpleaños

Instrucciones: Escribe sobre una fiesta de cumpleaños. Completa la lista de verificación.

Introducción

Yo fui a la fiesta de cumpleaños de

____________________________________.

Eventos

Primero, ____________________________.

Luego, ____________________________.

Oración de cierre

¡ ____________________________

tuvo un gran cumpleaños!

Lista de verificación ☑

- ❑ Tengo una introducción.
- ❑ Tengo eventos.
- ❑ Tengo un cierre.

NOMBRE: ____________________

Instrucciones: Agrega detalles a la imagen.

Corrección
Fiesta favorita de cumpleaños

NOMBRE: ____________________

Instrucciones: Elige la palabra correcta. Escríbela.

Ejemplo

El cumpleaños de Teo es en abril.
(**abril** o **Abril**)

1. El cumpleaños de María es en ____________.
(**Mayo** o **mayo**)

2. El cumpleaños de Kim es en ____________.
(**julio** o **Julio**)

3. El cumpleaños de Jin es en ____________.
(**Junio** o **junio**)

NOMBRE: ____________________

Instrucciones: Dibuja y escribe sobre tu fiesta de cumpleaños favorita. Completa la lista de verificación.

Lista de verificación ☑

- ❑ Las oraciones tienen mayúscula inicial.
- ❑ Las oraciones tienen puntuación.
- ❑ Hay espacios entre las palabras.

NOMBRE: ____________________

Instrucciones: Encierra la imagen que más te gusta.

Opinión: Me gustan. . .

las manzanas

las naranjas

Instrucciones: Coloca una marca de verificación junto a la razón.

Razones

____	Tienen tallos.	____	Se pelan.
____	Son rojas o verdes.	____	Son de color naranja.

NOMBRE: ______________________

Instrucciones: Lee el texto. Luego, subraya cada oración con verde, rojo o azul.

Verde:	**Rojo:**	**Azul:**
opinión	detalle	cierre

Me gustan las manzanas más que las naranjas. Me gustan porque son crujientes y dulces. ¡Las manzanas son deliciosas!

Práctica para la letra de molde

Instrucciones: Traza la palabra. Escríbela por tu cuenta.

y

NOMBRE: ______________________

Instrucciones: Une las oraciones con las imágenes.

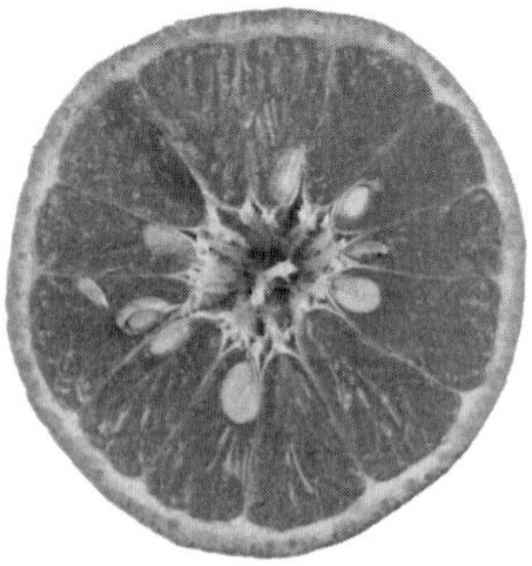

1. Una manzana tiene una hoja.

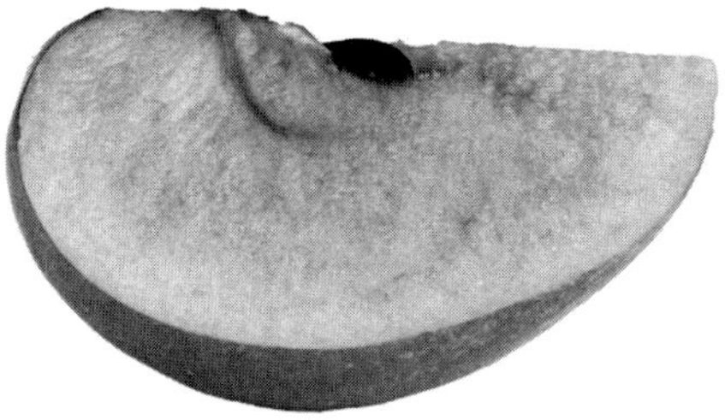

2. Las naranjas son jugosas.

3. Puedes cortar en rodajas una manzana.

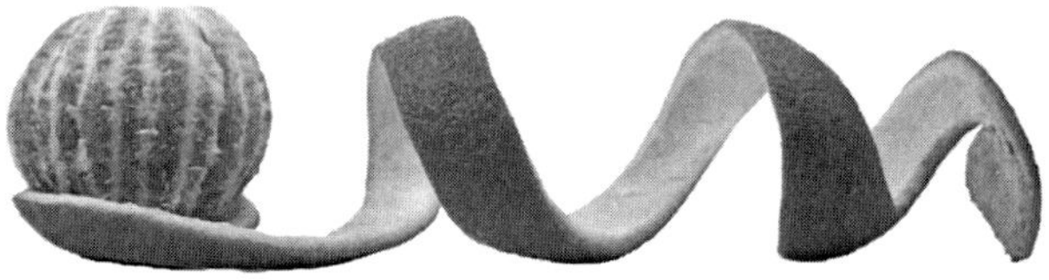

4. Puedes pelar una naranja.

NOMBRE: ____________________

Instrucciones: Busca los puntos. Encierra las oraciones correctas.

Ejemplo: Las manzanas son crujientes.
Las manzanas son crujientes

1. Las naranjas son jugosas.

   Las naranjas son jugosas

2. Las manzanas son rojas

   Las manzanas son rojas.

3. Las naranjas tienen cáscara.

   Las naranjas tienen cáscara

NOMBRE: ____________________

Instrucciones: Lee el texto. Haz un dibujo. Completa la lista de verificación.

Me gustan las manzanas más que las naranjas. Me gustan porque son crujientes y dulces. ¡Las manzanas son deliciosas!

Lista de verificación ☑

- ❑ Las oraciones tienen mayúscula inicial.
- ❑ Las oraciones tienen puntuación.
- ❑ Hay espacios entre las palabras.

NOMBRE: ____________________

Instrucciones: Encierra la imagen que más te gusta. Escribe tu opinión. Escribe una razón.

helado **galletas**

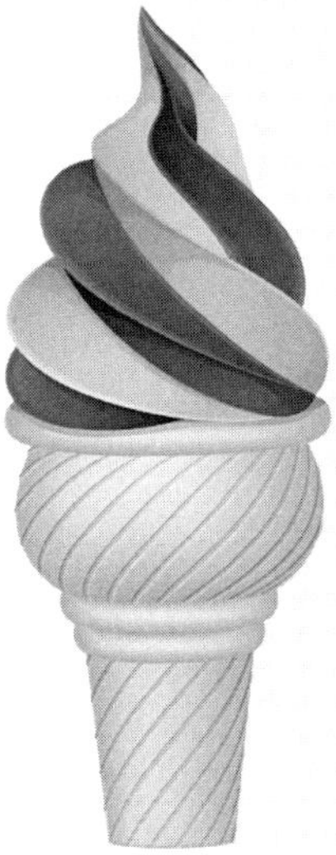

Opinión

Me gusta(n) ____________________.

Razón

Me gusta/gustan porque ____________
____________________________________.

NOMBRE: ____________________

Instrucciones: Escribe sobre el helado o las galletas. Completa la lista de verificación.

Opinión

____
(**El helado** o **Las galletas**)

es/son lo mejor.

Razón

Me gusta/gustan porque ____________
______________________________.

Cierre

Me encanta(n) ____________.
(**el helado** o **las galletas**)

Lista de verificación ☑

- ❑ Doy a conocer mi opinión.
- ❑ Tengo un detalle.
- ❑ Tengo un cierre.

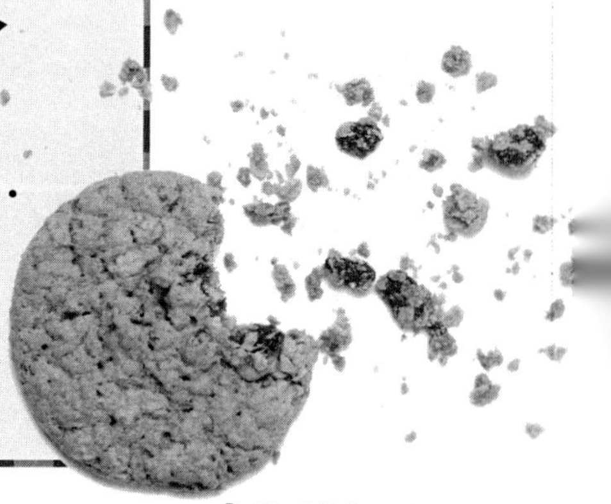

NOMBRE: ____________________

Instrucciones: Lee las oraciones. Haz dibujos relacionados.

1. Me gustan los conos de helado.

2. El helado se derrite en los días calurosos.

3. Las galletas se hornean en hornos.

NOMBRE: ____________________

Instrucciones: Agrega puntos a las oraciones.

Ejemplo: Me gusta el sabor de las galletas.

1. Me gustan las galletas porque son redondas
2. Me gusta el helado porque es cremoso
3. Me gustan las galletas porque están calentitas.
4. Me gustan las galletas más que el helado

NOMBRE: ____________________

Instrucciones: Dibuja y escribe sobre el helado o las galletas. Completa la lista de verificación.

Lista de verificación ☑

- ❑ Las oraciones tienen mayúscula inicial.
- ❑ Las oraciones tienen puntuación.
- ❑ Hay espacios entre las palabras.

NOMBRE: ______________________

Instrucciones: Encierra las imágenes sobre pavorreales.

plumas

mono

pavorreales

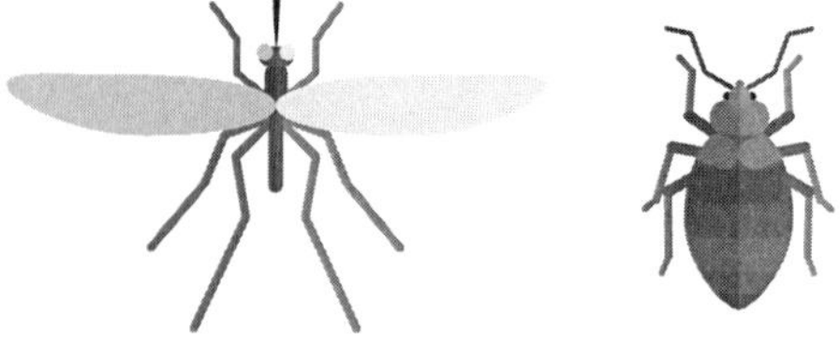

alimentos (insectos)

patas

NOMBRE: ____________________

Instrucciones: Lee el texto. Luego, subraya cada oración con verde, rojo o azul.

Verde:	Rojo:	Azul:
tema	detalle	cierre

Los pavorreales son un tipo de ave. Tienen plumas coloridas. Comen insectos. Los pavorreales son interesantes.

Práctica para la letra de molde

Instrucciones: Traza la palabra. Escríbela por tu cuenta.

tienen

NOMBRE: ______________________

Instrucciones: Elige una palabra. Subráyala.

Ejemplo: Las aves tienen (**picos** u **ojos**).

1. Las aves tienen dos alas y dos (**patas** u **ojos**).

2. Las aves tienen alas para (**volar** o **moverse**).

3. Las patas de las aves les permiten (**caminar** o **correr**).

4. Las aves (**tienen** o **ponen**) huevos.

NOMBRE: ____________________

Instrucciones: Busca errores de ortografía. Encierra las oraciones correctas.

Ejemplo: Los pavorreales tinen plumas.
Los pavorreales tienen plumas.

1. Las aves no tienn dientes.

   Las aves no tienen dientes.

2. Las aves nacen de huebos.

   Las aves nacen de huevos.

3. Los cardenales son rojos.

   Los cardenales son rogos.

4. Las aves tienen dos patas.

   Las aves tienen dos ptas.

NOMBRE: ____________________

Instrucciones: Lee el texto. Haz un dibujo. Completa la lista de verificación.

Los pavorreales son un tipo de ave. Tienen plumas coloridas. Comen insectos. Los pavorreales son interesantes.

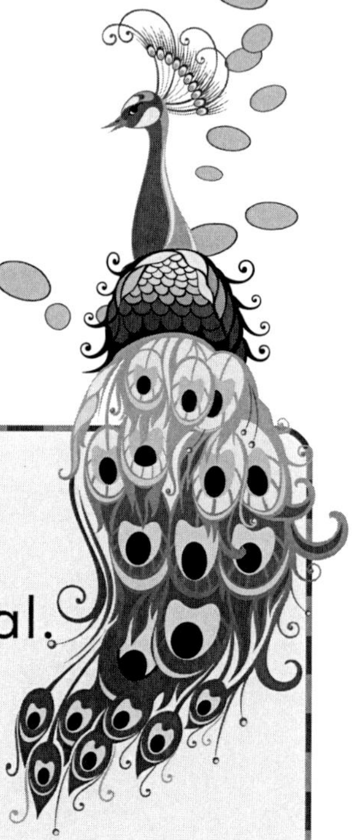

Lista de verificación ☑

- ☐ Las oraciones tienen mayúscula inicial.
- ☐ Las oraciones tienen puntuación.
- ☐ Hay espacios entre las palabras.

NOMBRE: ____________________

Instrucciones: Traza las palabras sobre patos.

roca

estanque

patos

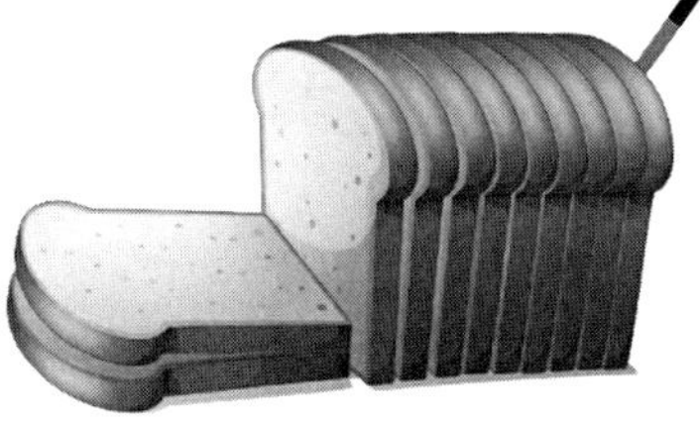

pan

pluma

Borrador · Patos

NOMBRE: ______________________

Instrucciones: Escribe sobre los patos. Completa la lista de verificación.

Tema

Los patos son ______________________.

Detalle

Ellos ______________________

______________________________________.

Cierre

Me encantan ______________________.

Lista de verificación ☑

- ❑ Tengo una oración temática.
- ❑ Tengo un detalle.
- ❑ Tengo un cierre.

NOMBRE: ____________________

Instrucciones: Elige una palabra. Escríbela.

Ejemplo: Los patos comen pan.
(**pan** o **alimentos**)

1. Los patos son aves ____________________.
(**pequeñas** o **grandes**)

2. Ellos ____________________ en el agua.
(**nadan** o **bucean**)

3. Ellos construyen ____________________.
(**nidos** u **hogares**)

4. A ellos les gusta ____________________.
(**volar** o **graznar**)

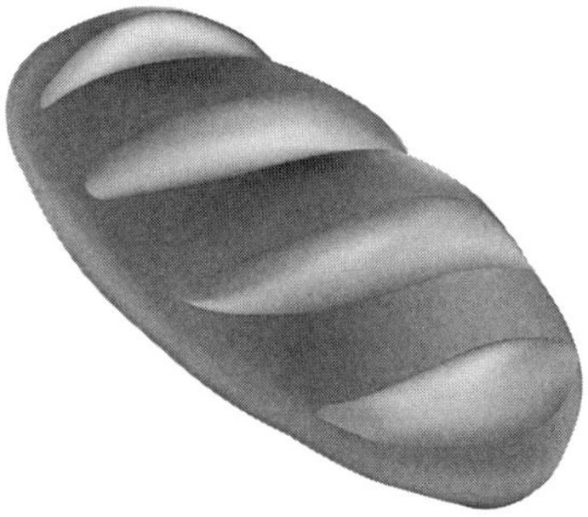

Corrección
Patos

NOMBRE: ____________________

Instrucciones: Elige la palabra correcta. Escríbela.

Ejemplo: Los patos viven (**viven** o **vivn**) cerca del agua.

1. Los patos ____________ en el agua.
(**nada** o **nadan**)

2. Los patos ____________ pan.
(**comen** o **komen**)

3. Ellos ponen huevos en los ____________.
(**nidos** o **nido**)

4. A ellos les ____________ bucear.
(**guta** o **gusta**)

NOMBRE: ____________________

Instrucciones: Dibuja y escribe sobre los patos. Completa la lista de verificación.

Lista de verificación ☑

- ❑ Las oraciones tienen mayúscula inicial.
- ❑ Las oraciones tienen puntuación.
- ❑ Hay espacios entre las palabras.

NOMBRE: ______________________

Instrucciones: Encierra la imagen que más te gusta.

Opinión: Me gusta. . .

el tiempo caluroso **el tiempo frío**

Instrucciones: Coloca una marca de verificación junto a la razón.

Razones

____ Yo juego en la nieve.

____ Yo juego bajo el sol.

____ Yo voy a nadar.

____ Yo uso un abrigo.

NOMBRE: ____________________

Instrucciones: Lee el texto. Luego, subraya cada oración con verde, rojo o azul.

Verde:	**Rojo:**	**Azul:**
opinión	detalle	cierre

Me gusta más el tiempo caluroso. Me gusta porque voy a nadar a la piscina. ¡El tiempo caluroso es estupendo!

Práctica para la letra de molde abc

Instrucciones: Traza la palabra. Escríbela por tu cuenta.

caluroso

NOMBRE: ____________________

Instrucciones: Une las oraciones con las imágenes.

1. Yo como helado.

2. Yo tomo chocolate caliente.

3. Yo nado cuando hace calor.

4. Yo uso un abrigo cuando hace frío.

NOMBRE: ____________________

Instrucciones: Busca las letras mayúsculas. Encierra las oraciones correctas.

Ejemplo: El sol brilla.
el sol brilla.

1. las nubes están en el cielo.

   Las nubes están en el cielo.

2. La niña se pone el abrigo.

   la niña se pone el abrigo.

3. Yo veo el sol afuera.

   yo veo el sol afuera.

NOMBRE: ______________________

Instrucciones: Lee el texto. Haz un dibujo. Completa la lista de verificación.

Me gusta más el tiempo caluroso. Me gusta porque voy a nadar a la piscina. ¡El tiempo caluroso es estupendo!

Lista de verificación ☑

- ❑ Las oraciones tienen mayúscula inicial.
- ❑ Las oraciones tienen puntuación.
- ❑ Hay espacios entre las palabras.

NOMBRE: ______________________

Instrucciones: Encierra la imagen que más te gusta. Escribe tu opinión. Escribe una razón.

el viento **la lluvia**

Opinión

Me gusta ______________________.

Razón

Me gusta porque ______________________
______________________________________.

NOMBRE: ______________________

Instrucciones: Escribe sobre el viento o la lluvia. Completa la lista de verificación.

Opinión

______________________ es lo mejor.
(**El viento** o **La lluvia**)

Razón

Me gusta porque ______________________
____.

Cierre

Me encanta ______________________.
(**la lluvia** o **el viento**)

Lista de verificación ☑

- ❑ Doy a conocer mi opinión.
- ❑ Tengo un detalle.
- ❑ Tengo un cierre.

NOMBRE: ____________________

Instrucciones: Lee las oraciones. Haz dibujos que coincidan.

1. Yo salto en los charcos.

2. Yo hago volar una cometa.

3. Yo uso un paraguas.

NOMBRE: ______________________

Instrucciones: Elige la palabra correcta. Escríbela.

Ejemplo: La lluvia cae en el suelo.
(**La** o **la**)

1. ______________ hace volar su cometa.
(**telma** o **Telma**)

2. ______________ usa el paraguas.
(**Ethan** o **ethan**)

3. A ______________ le encanta la lluvia.
(**Ana** o **ana**)

NOMBRE: ______________________

Instrucciones: Dibuja y escribe sobre el viento o la lluvia. Completa la lista de verificación.

Lista de verificación ☑

- ❑ Las oraciones tienen mayúscula inicial.
- ❑ Las oraciones tienen puntuación.
- ❑ Hay espacios entre las palabras.

NOMBRE: ______________________

Instrucciones: Encierra las imágenes sobre los sándwiches de mantequilla de maní y mermelada.

mermelada

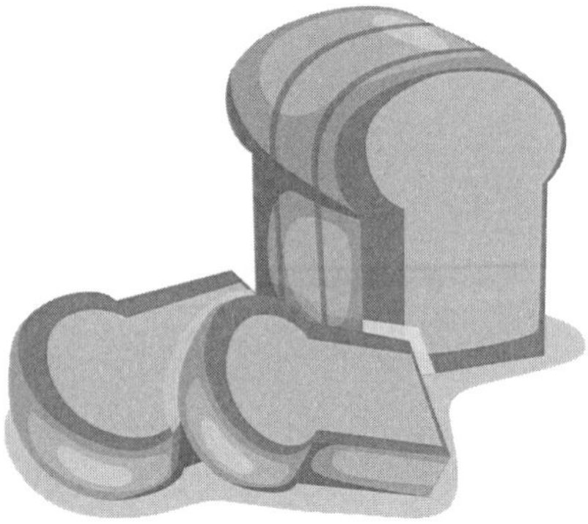

pan

Preparación de un sándwich de mantequilla de maní y mermelada

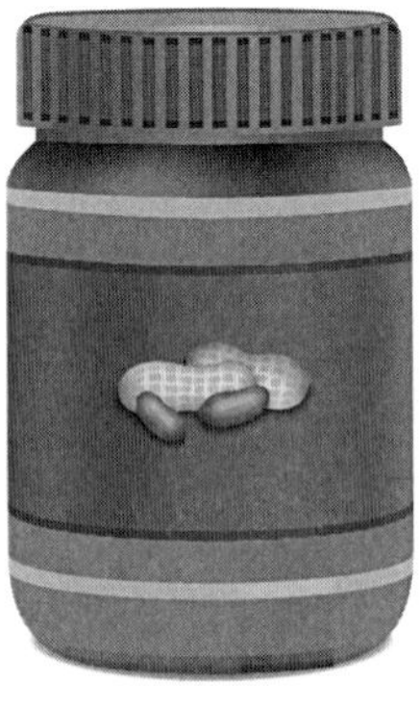

mantequilla de maní

cuchillo para mantequilla

NOMBRE: ____________________

Instrucciones: Lee el texto. Luego, subraya cada oración con verde, rojo o azul.

Verde:	**Rojo:**	**Azul:**
tema	detalle	cierre

Es fácil hacer un sándwich de mantequilla de maní y mermelada. Primero, unta la mantequilla de maní y la mermelada sobre el pan. Luego, une las rebanadas de pan. ¡Finalmente, cómetelo!

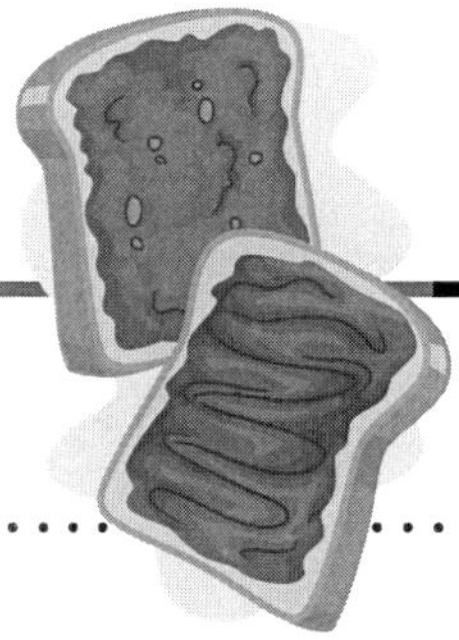

Práctica para la letra de molde

Instrucciones: Traza la palabra. Escríbela por tu cuenta.

hacer

Revisión

Cómo hacer un sándwich de mantequilla de maní y mermelada

NOMBRE: ____________________

Instrucciones: Elige una palabra. Subráyala.

Ejemplo: (**Luego** o **Después**) busca el pan.

1. (**Luego** o **Después**), saca la mermelada.
2. (**Ahora** o **Luego**), saca el pan.
3. (**Después** o **Ahora**), unta la mantequilla de maní sobre el pan.
4. (**Luego** o **Después**), coloca la mermelada sobre el pan.
5. (**Ahora** o **Después**), une las rebanadas de pan.

NOMBRE: ______________________

Instrucciones: Busca los puntos. Encierra las oraciones correctas.

Ejemplo: (Primero, saca algo de mermelada.)
Primero, saca algo de mermelada

1. Segundo, saca la mantequilla de maní.

   Segundo, saca la mantequilla de maní

2. Después, saca el pan

   Después, saca el pan.

3. Por último, une las rebanadas de pan.

   Por último, une las rebanadas de pan

NOMBRE: ____________________

Instrucciones: Lee el texto. Haz un dibujo. Completa la lista de verificación.

Es fácil hacer un sándwich de mantequilla de maní y mermelada. Primero, unta la mantequilla de maní y la mermelada sobre el pan. Luego, une las rebanadas de pan. ¡Finalmente, cómetelo!

Lista de verificación ☑

- ☐ Las oraciones tienen mayúscula inicial.
- ☐ Las oraciones tienen puntuación.
- ☐ Hay espacios entre las palabras.

NOMBRE: ______________________

Instrucciones: Traza las palabras sobre el lavado de manos.

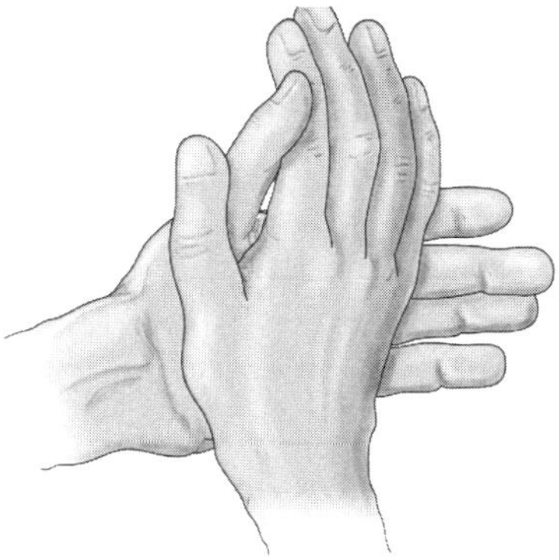

manos

agua

Lavado de manos

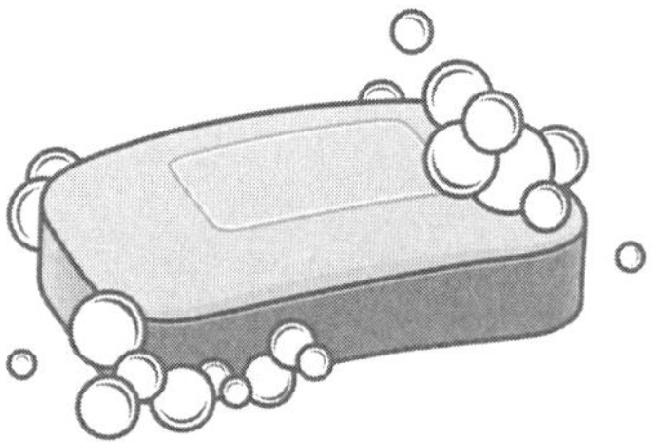

jabón

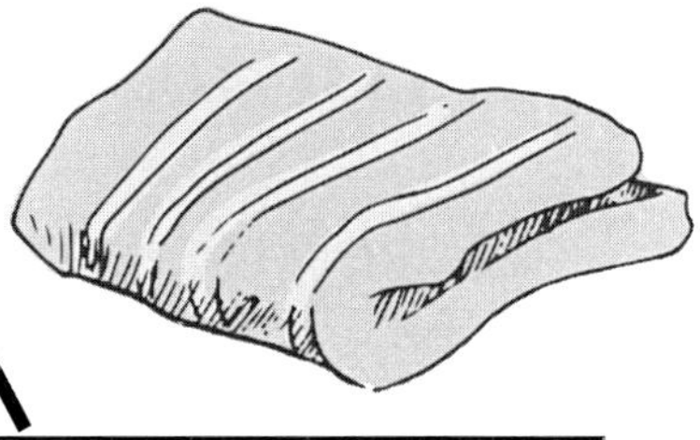

toalla

Borrador · Cómo lavarse las manos

NOMBRE: ____________________

Instrucciones: Escribe sobre el lavado de manos. Completa la lista de verificación.

Tema

Lavarse las manos es ______________________________
______________________________.

Detalle

Tú debes ______________________________
______________________________.

Cierre

Asegúrate de ______________________________.

Lista de verificación ☑

- ❑ Tengo una oración temática.
- ❑ Tengo un detalle.
- ❑ Tengo un cierre.

NOMBRE: ____________________

Instrucciones: Elige una palabra. Escríbela.

Ejemplo: Primero, camina hacia el lavabo.
(**Primero** o **Ahora**)

1. ____________________, abre el grifo.
(**Ahora** o **Primero**)

2. ____________________, ponte jabón en las manos.
(**Luego** o **Después**)

3. ____________________, lávate las manos.
(**Después** o **Ahora**)

4. ____________________, sécate las manos.
(**Por último** o **Finalmente**)

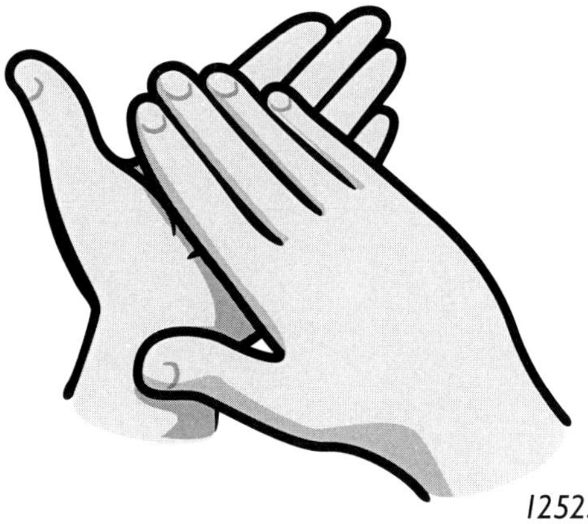

NOMBRE: ____________________

Instrucciones: Agrega puntos a las oraciones.

Ejemplo: Primero, abre el grifo_._

1. Después, ponte jabón en las manos
2. Después de eso, lávate las manos
3. Finalmente, sécate las manos
4. Ahora tienes las manos limpias

NOMBRE: ____________________

Instrucciones: Dibuja y escribe sobre el lavado de manos. Completa la lista de verificación.

Lista de verificación ☑

- ❑ Las oraciones tienen mayúscula inicial.
- ❑ Las oraciones tienen puntuación.
- ❑ Hay espacios entre las palabras.

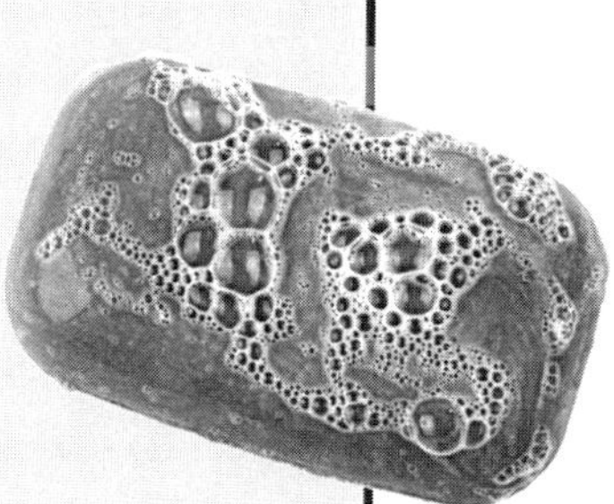

ANSWER KEY

The activity pages that do not have specific answers to them are not included in this answer key. Students' answers will vary on these activity pages, so check that students are staying on task.

Semana 1: Juegos en el parque

Día 2 (page 15)

Introducción: Yo fui al parque el domingo con mi hermana.
Eventos: Primero, jugamos en los columpios. Luego, bajamos por el tobogán.
Cierre: La pasamos muy bien.

Día 3 (page 16)

Students may circle the children playing, the flowers, the playground equipment, or any of the scenery.

Día 4 (page 17)

1. Aldo baja por el tobogán.
2. Liz juega en la arena.
3. Ella corre hacia los columpios.
4. Estoy en el balancín.

Semana 2: Día de campo en el parque

Día 3 (page 21)

Students may add food items or any other detail to the scenery.

Día 4 (page 22)

1. Nic se sienta sobre una manta.
2. Ella come un panecillo.
3. Yo miro dentro de la canasta.
4. El parque es divertido.

Día 5 (page 23)

See Narrative Writing Rubric on page 201.

Semana 3: Lo que hacemos en la escuela

Día 2 (page 25)

Introducción: Hoy, yo fui a la escuela.
Eventos: Primero, nosotros hicimos la tarea. Luego, fuimos al recreo.
Cierre: Me divertí mucho en la escuela.

Día 3 (page 26)

Students may circle the students or any of the details in the classroom.

Día 4 (page 27)

1. Yo leo una historia.
2. Él almuerza.
3. Luz juega en el recreo.
4. Nosotros hacemos un rompecabezas.

Semana 4: Reglas de la escuela

Día 3 (page 31)

Students may draw students or items that belong in a classroom.

Día 4 (page 32)

1. Zan levanta **la mano**.
2. **Él sabe** escuchar.
3. Ella comparte **los juguetes**.

Día 5 (page 33)

See Narrative Writing Rubric on page 201.

Semana 5: ¿Primavera u otoño?

Día 2 (page 35)

Opinión: Me gusta más la primavera que el otoño.
Detalles: Me gusta porque hay muchas cosas divertidas que puedo hacer.
Cierre: La primavera es la mejor estación.

Día 3 (page 36)

1. A él le gusta la calabaza.
2. Yo planto flores.
3. Ella rebota una pelota.
4. El sol es brillante.
5. Yo veo una hoja.

Día 4 (page 37)

1. Hay lluvia.
2. Esta es una calabaza.
3. La flor es rosada.
4. Me gusta la lluvia.

Semana 6: ¿Verano o invierno?

Día 4 (page 42)

1. Me gusta nadar.
2. El oso duerme.
3. Ellos juegan en la nieve.
4. Yo voy a la playa.
5. Yo uso un abrigo.

Día 5 (page 43)

See Opinion Writing Rubric on page 199.

Semana 7: Vista y olfato

Día 1 (page 44)

Students may circle all of the items except the ear.

Día 2 (page 45)

Tema: Nosotros tenemos cinco sentidos.
Detalles: Usamos los ojos para ver. Usamos la nariz para oler.
Cierre: ¡Es estupendo tener sentidos!

Día 4 (page 47)

1. Ella huele una pizza.
2. Yo veo flores.
3. Ellos huelen pastelitos.

Semana 8: Gusto y tacto

Día 1 (page 49)

Students may trace all of the items.

Día 4 (page 52)

1. **Yo** saboreo la manzana.
2. **Él** toca el crayón.
3. **Ella** toca un caballo.
4. **Yo** como galletas.

ANSWER KEY *(cont.)*

Día 5 (page 53)

See Informative/Explanatory Writing Rubric on page 200.

Semana 9: Bomberos

Día 1 (page 54)

Students may circle the following: helmet, hose, and truck.

Día 2 (page 55)

Tema: Los bomberos ayudan a la comunidad.
Detalles: Ellos mantienen a las personas a salvo. Apagan incendios.
Cierre: Los bomberos son héroes.

Día 4 (page 57)

1. Los bomberos rescatan a las personas.
2. Los bomberos usan escaleras.
3. Los bomberos trabajan en estaciones de bomberos.

Semana 10: Oficiales de policía

Día 1 (page 59)

Students may trace the following: automóvil, gorra y placa.

Día 4 (page 62)

1. Los oficiales de policía usan placas.
2. Ellos conducen automóviles con sirenas.
3. Los oficiales de policía usan uniformes.
4. Los oficiales de policía trabajan muy duro.
5. Los oficiales de policía son héroes.

Día 5 (page 63)

See Informative/Explanatory Writing Rubric on page 200.

Semana 11: ¿Humpty Dumpty o Jack y Jill?

Día 2 (page 65)

Opinión: Me gusta "Jack y Jill" más
Detalles: Me gusta porque es divertido.
Cierre: "Jack y Jill" es mi favorito.

Día 3 (page 66)

1. Jack se cayó.
2. Humpty Dumpty se cayó.
3. Jill tenía un cubo.
4. Jack y Jill subieron la colina.

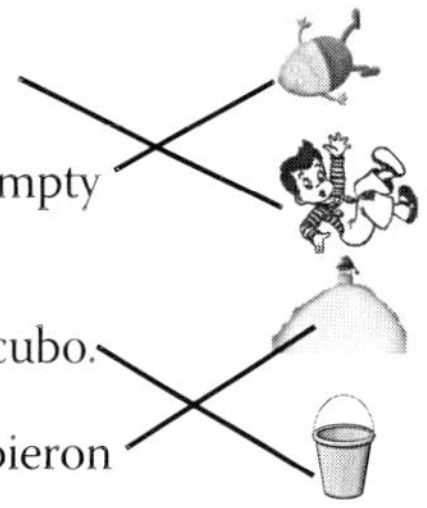

Día 4 (page 67)

1. Jack se cayó.
2. Y Jill cayó rodando después.
3. Jack y Jill estaban bien.

Semana 12: ¿Witsi witsi araña o Pequeña Bo Pip?

Día 4 (page 72)

1. Sus ovejas **están perdidas**.
2. La araña sube por **una telaraña**.
3. Yo veo **una oveja**.
4. **Yo veo** la araña.

Día 5 (page 73)

See Opinion Writing Rubric on page 199.

Semana 13: Sol y luna

Día 1 (page 74)

Students may circle the following: caliente, media luna y luna menguante.

Día 2 (page 75)

Tema: El sol y la luna están en el cielo.
Detalles: El sol sale de día. La luna sale por la noche.
Cierre: Ambos son importantes para la Tierra.

Día 4 (page 77)

1. El sol es brillante.
2. La luna es más pequeña que la Tierra.
3. El sol es caliente.

Semana 14: Tierra

Día 1 (page 79)

Students may trace all of the items.

Día 4 (page 82)

1. **Los** planetas se mueven alrededor del sol.
2. **Hay** ocho planetas.
3. **El** planeta Tierra es mayormente agua.

Día 5 (page 83)

See Informative/Explanatory Writing Rubric on page 200.

Semana 15: ¿Navidad o Día de San Patricio?

Día 2 (page 85)

Opinión: Me gusta el Día de San Patricio.
Detalles: Me gusta porque uso ropa verde.
Cierre: ¡Me encanta el Día de San Patricio!

Día 3 (page 86)

1. Yo abro regalos.
2. Yo veo un trébol.
3. Yo decoro un árbol.
4. Yo veo una vasija con oro.

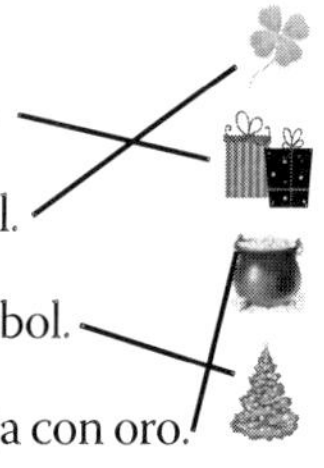

Día 4 (page 87)

1. El Día de San Patricio es el 17 de marzo.
2. Las personas abren regalos en Navidad.
3. Las personas usan ropa verde el Día de San Patricio.

ANSWER KEY *(cont.)*

Semana 16: ¿Día de San Valentín o Halloween?

Día 4 (page 92)

1. Halloween **puede** ser divertido.
2. Las personas se visten **con** disfraces.
3. Las personas dan tarjetas **en** el Día de San Valentín.

Día 5 (page 93)

See Opinion Writing Rubric on page 199.

Semana 17: Animales del océano

Día 1 (page 94)

Students may circle the following: pez, ballena y cangrejo.

Día 2 (page 95)

Tema: Muchos animales viven en el océano.
Detalles: Hay ballenas y tiburones. Hay muchos peces coloridos.
Cierre: Los animales del océano son muy interesantes.

Día 4 (page 97)

1. ¿Qué tamaño tiene una ballena?
2. ¿Tiene ocho brazos un pulpo?
3. ¿Duermen los peces detrás de rocas?

Semana 18: Animales terrestres

Día 1 (page 99)

Students may trace all of the words.

Día 4 (page 102)

1. **¿**Ves el elefante**?**
2. **¿**Es rápido el tigre**?**
3. **¿**Dónde están los caballos**?**
4. **¿**Qué come un oso**?**

Día 5 (page 103)

See Informative/Explanatory Writing Rubric on page 200.

Semana 19: Granjas

Día 2 (page 105)

Introducción: Yo fui de vacaciones. Fui a la granja de mi tío.
Eventos: Primero, anduvimos en un tractor. Luego, comimos una gran cena.
Cierre: ¡Fue muy divertido!

Día 3 (page 106)

Students may circle the animals or any of the scenery on the farm.

Día 4 (page 107)

1. Una vaca puede dar leche.
2. El granjero monta a caballo.
3. Un pato grazna.

Semana 20: Bosques

Día 3 (page 111)

Students may add animals and more trees to the picture.

Día 4 (page 112)

1. El bosque **es** oscuro.
2. **El** bosque es grande.
3. ¿Podemos **ir** al bosque?

Día 5 (page 113)

See Narrative Writing Rubric on page 201.

Semana 21: Fútbol

Día 2 (page 115)

Introducción: Tuve un partido de fútbol el sábado.
Eventos: Primero, pateé la pelota. Luego, anoté un gol.
Cierre: ¡El equipo jugó un gran partido!

Día 3 (page 116)

Students may circle the soccer players or anything else on the soccer field.

Día 4 (page 117)

1. Aldo pateó la pelota.
2. María anotó un gol.
3. Tim ganó un premio.

Semana 22: Béisbol

Día 3 (page 121)

Students may add players or a play in action on the baseball field.

Día 4 (page 122)

1. **Nosotros** jugamos béisbol con Nick.
2. **Yo** bateé la pelota.
3. ¡**Nuestro** equipo ganó!

Día 5 (page 123)

See Narrative Writing Rubric on page 201.

Semana 23: Familia

Día 2 (page 125)

Introducción: La semana pasada, mis primos y yo fuimos al cine.
Eventos: Primero, comimos palomitas de maíz y caramelos. Luego, miramos una película divertida.
Cierre: ¡Nos divertimos mucho!

Día 3 (page 126)

Details may include any of the family members or any of the elements in the scenery.

Día 4 (page 127)

1. Mi familia juega juegos.
2. Mi familia se divierte.
3. Nosotros vamos al parque.

Semana 24: Amigos

Día 3 (page 131)

Students may add more to the background scenery and draw themselves playing with friends.

Día 4 (page 132)

1. Él escucha a Bill**.**
2. Kevin y Cole ayudan**.**
3. Tara y Ben son amigos**.**
4. Yo juego con María**.**

Día 5 (page 133)

See Narrative Writing Rubric on page 201.

ANSWER KEY *(cont.)*

Semana 25: ¿Hámsteres o conejos de mascota?

Día 2 (page 135)

Opinión: Me gustan los hámsteres más que los conejos.
Detalles: Me gustan porque son pequeños y adorables.
Cierre: ¡Los hámsteres son las mejores mascotas!

Día 3 (page 136)

1. Los conejos son adorables.
2. Los hámsteres corren sobre ruedas.
3. Los conejos comen zanahorias.
4. Los hámsteres comen maíz.

Día 4 (page 137)

1. A un conejo le gusta saltar.
2. A los hámsteres les gustan las caricias.
3. Veo que un hámster corre.

Semana 26: ¿Perros o gatos de mascota?

Día 4 (page 142)

1. **Un** gato maúlla.
2. **El** perro ladra.
3. **Algunos** gatos son negros.

Día 5 (page 143)

See Opinion Writing Rubric on page 199.

Semana 27: Mi cumpleaños

Día 2 (page 145)

Introducción: En mi sexto cumpleaños, fuimos al parque
Eventos: Primero, jugamos juegos. Luego, comimos pastel.
Cierre: Fue mi cumpleaños favorito.

Día 3 (page 146)

Details may include the balloons, the cake, the party hats or any element of the scene.

Día 4 (page 147)

1. Su cumpleaños es el 9 de julio.
2. El cumpleaños de Alan es el 22 de agosto.
3. Su cumpleaños es el 29 de mayo.

Semana 28: Fiesta favorita de cumpleaños

Día 3 (page 151)

Students may add more decorations or more gifts to the picture.

Día 4 (page 152)

1. El cumpleaños de María es en **mayo**.
2. El cumpleaños de Kim es en **julio**.
3. El cumpleaños de Jin es en **junio**.

Día 5 (page 153)

See Narrative Writing Rubric on page 201.

Semana 29: ¿Manzanas o naranjas?

Día 2 (page 155)

Opinión: Me gustan las manzanas más que las naranjas.
Detalles: Me gustan porque son crujientes y dulces.
Cierre: ¡Las manzanas son deliciosas!

Día 3 (page 156)

1. Una manzana tiene una hoja.
2. Las naranjas son jugosas.
3. Puedes cortar en rodajas una manzana.
4. Puedes pelar una naranja.

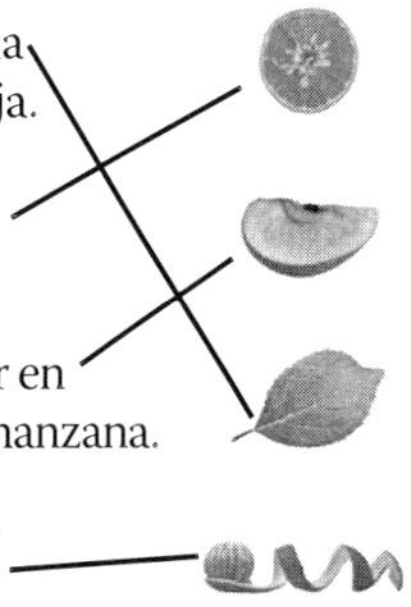

Día 4 (page 157)

1. Las naranjas son jugosas.
2. Las manzanas son rojas.
3. Las naranjas tienen cáscara.

Semana 30: ¿Helado o galletas?

Día 4 (page 162)

1. Me gustan las galletas porque son redondas.
2. Me gusta el helado porque es cremoso.
3. Me gustan las galletas porque están calentitas.
4. Me gustan las galletas más que el helado.

Día 5 (page 163)

See Opinion Writing Rubric on page 199.

Semana 31: Pavorreales

Día 1 (page 164)

Students may circle the following: plumas, alimentos (insectos) y patas.

Día 2 (page 165)

Tema: Los pavorreales son un tipo de ave.
Detalles: Tienen plumas coloridas. Comen insectos.
Cierre: Los pavorreales son interesantes.

Día 4 (page 167)

1. Las aves no tienen dientes.
2. Las aves nacen de huevos.
3. Los cardenales son rojos.
4. Las aves tienen dos patas.

Semana 32: Patos

Día 1 (page 169)

Students may trace all of the words.

Día 4 (page 172)

1. Los patos **nadan** en el agua.
2. Los patos **comen** pan.
3. Ellos ponen huevos en los **nidos**.
4. A ellos les **gusta** bucear.

Día 5 (page 173)

See Informative/Explanatory Writing Rubric on page 200.

ANSWER KEY *(cont.)*

Semana 33: ¿Calor o frío?

Día 2 (page 175)

Opinión: Me gusta más el tiempo caluroso.
Detalles: Me gusta porque voy a nadar a la piscina.
Cierre: ¡El tiempo caluroso es estupendo!

Día 3 (page 176)

1. Yo como helado.
2. Yo tomo chocolate caliente.
3. Yo nado cuando hace calor.
4. Yo uso un abrigo cuando hace frío.

Día 4 (page 177)

1. Las nubes están en el cielo.
2. La niña se pone el abrigo.
3. Yo veo el sol afuera.

Semana 34: ¿Viento o lluvia?

Día 4 (page 182)

1. **Telma** hace volar su cometa.
2. **Ethan** usa el paraguas.
3. A **Ana** le encanta la lluvia.

Día 5 (page 183)

See Opinion Writing Rubric on page 199.

Semana 35: Cómo hacer un sándwich de mantequilla de maní y mermelada

Día 1 (page 184)

Students may circle the following: mermelada, pan, mantequilla de maní y cuchillo para mantequilla.

Día 2 (page 185)

Tema: Es fácil hacer un sándwich de mantequilla de maní y mermelada.
Detalles: Primero, unta la mantequilla de maní y la mermelada sobre el pan. Luego, une las rebanadas de pan.
Cierre: ¡Finalmente, cómetelo!

Día 4 (page 187)

1. Segundo, saca la mantequilla de maní.
2. Después, saca el pan.
3. Por último, une las rebanadas de pan.

Semana 36: Cómo lavarse las manos

Día 1 (page 189)

Students may trace all of the words.

Día 4 (page 192)

1. Después, ponte jabón en las manos.
2. Después de eso, lávate las manos.
3. Finalmente, sécate las manos.
4. Ahora tienes las manos limpias.

Día 5 (page 193)

See Informative/Explanatory Writing Rubric on page 200.

OPINION WRITING RUBRIC

Directions: Evaluate students' work in each category by circling one number in each row. Students have opportunities to score up to five points in each row and up to 15 points total.

	Exceptional Writing		Quality Writing		Developing Writing	
Focus and Organization	States a clear opinion. Includes lots of details. Includes a strong closing.		States an opinion. Includes at least one detail. Includes a closing.		States an unclear opinion. Includes few or unclear details. Does not include a closing.	
Points	5	4	3	2	1	0
Written Expression	Uses varied and interesting descriptive words. Maintains a consistent voice and uses a tone that supports meaning.		Uses some descriptive words. Maintains a consistent voice.		Uses a limited or an unvaried vocabulary. Provides an inconsistent voice.	
Points	5	4	3	2	1	0
Language Conventions	Sentences begin with capital letters. Sentences end in correct punctuation. Words in sentences have correct spacing between them.		Some sentences begin with capital letters. Some sentences end in correct punctuation. Most words in sentences have correct spacing between them.		Most sentences begin with lowercase letters. Sentences end in incorrect punctuation, or no punctuation is used. Words have incorrect spacing between them.	
Points	5	4	3	2	1	0

Total Points: ____________________

INFORMATIVE/EXPLANATORY WRITING RUBRIC

Directions: Evaluate students' work in each category by circling one number in each row. Students have opportunities to score up to five points in each row and up to 15 points total.

	Exceptional Writing		Quality Writing		Developing Writing	
Focus and Organization	States a clear topic sentence. Includes lots of details. Includes a strong closing.		States a topic sentence. Includes at least one detail. Includes a closing.		States an unclear topic sentence. Includes few or unclear details. Does not include a closing.	
Points	5	4	3	2	1	0
Written Expression	Uses varied and interesting descriptive words. Maintains a consistent voice and uses a tone that supports meaning.		Uses some descriptive words. Maintains a consistent voice.		Uses a limited or an unvaried vocabulary. Provides an inconsistent voice.	
Points	5	4	3	2	1	0
Language Conventions	Sentences begin with capital letters. Sentences end in correct punctuation. Words in sentences have correct spacing between them.		Some sentences begin with capital letters. Some sentences end in correct punctuation. Most words in sentences have correct spacing between them.		Most sentences begin with lowercase letters. Sentences end in incorrect punctuation, or no punctuation is used. Words have incorrect spacing between them.	
Points	5	4	3	2	1	0

Total Points: ____________________

NARRATIVE WRITING RUBRIC

Directions: Evaluate students' work in each category by circling one number in each row. Students have opportunities to score up to five points in each row and up to 15 points total.

	Exceptional Writing		Quality Writing		Developing Writing	
Focus and Organization	States a clear introduction. Includes lots of events. Includes a strong closing.		States an introduction. Includes at least one event. Includes a closing.		States an unclear introduction. Includes few or unclear events. Does not include a closing.	
Points	5	4	3	2	1	0
Written Expression	Uses varied and interesting descriptive words. Maintains a consistent voice and uses a tone that supports meaning.		Uses some descriptive words. Maintains a consistent voice.		Uses a limited or an unvaried vocabulary. Provides an inconsistent voice.	
Points	5	4	3	2	1	0
Language Conventions	Sentences begin with capital letters. Sentences end in correct punctuation. Words in sentences have correct spacing between them.		Some sentences begin with capital letters. Some sentences end in correct punctuation. Most words in sentences have correct spacing between them.		Most sentences begin with lowercase letters. Sentences end in incorrect punctuation, or no punctuation is used. Words have incorrect spacing between them.	
Points	5	4	3	2	1	0

Total Points: ____________________

OPINION WRITING ANALYSIS

Directions: Record each student's rubric scores (page 199) in the appropriate columns. Add the totals every two weeks and record the sums in the Total Scores column. You can view: (1) which students are not understanding the opinion genre and (2) how students progress after multiple encounters with the opinion genre.

	Week 6	Week 12	Week 16	Week 26	Week 30	Week 34	Total Scores
Student Name							
Average Classroom Score							

INFORMATIVE/EXPLANATORY WRITING ANALYSIS

Directions: Record each student's rubric score (page 200) in the appropriate columns. Add the totals every two weeks and record the sums in the Total Scores column. You can view: (1) which students are not understanding the informative/explanatory genre and (2) how students progress after multiple encounters with the informative/explanatory genre.

	Week 8	Week 10	Week 14	Week 18	Week 32	Week 36	Total Scores
Student Name							
Average Classroom Score							

NARRATIVE WRITING ANALYSIS

Directions: Record each student's rubric score (page 201) in the appropriate columns. Add the totals every two weeks and record the sums in the Total Scores column. You can view: (1) which students are not understanding the narrative genre and (2) how students progress after multiple encounters with the narrative genre.

	Week 2	Week 4	Week 20	Week 22	Week 24	Week 28	Total Scores
Student Name							
Average Classroom Score							

EL PROCESO DE ESCRITURA

PASO 1: PREESCRITURA

Piensa en el tema. Haz una lluvia de ideas.

PASO 2: BORRADOR

Usa tus ideas para escribir un borrador. No te preocupes por los errores.

PASO 3: REVISIÓN

Lee tu borrador. Piensa en el vocabulario. Piensa en la organización. Haz cambios para mejorar tu escrito.

PASO 4: CORRECCIÓN

Vuelve a leer tu borrador. Verifica que no haya errores de ortografía, de puntuación ni de gramática.

PASO 5: PUBLICACIÓN

Crea un borrador final. Asegúrate de usar tu mejor letra de molde.

MARCAS DE CORRECCIÓN

Marcas de corrección	Nombres de los símbolos	Ejemplo
≡	símbolo de mayúsculas	david comió uvas.
/	símbolo de minúsculas	Mi mamá Me abrazó.
⊙	símbolo para insertar punto	Las nubes están en el cielo
ort ◯	símbolo para revisar la ortografía	La historia me hiso reír.
∿	símbolo para cambiar de posición	¿Cómo tú estás?
^	símbolo para insertar	¿Me pasas por favor la pizza?
^,	símbolo para insertar comas	Tengo gatos perros y peces dorados.
— v	símbolo para insertar raya de diálogo	Sorprendente gritó ella.
ℓ	símbolo de eliminación	¿Me llamarás llamarás?
#	símbolo para agregar espacio	Yo corro haciael árbol.

CONSEJOS PARA LOS ESCRITOS DE OPINIÓN

TEXTO INFORMATIVO/EXPLICATIVO CONSEJOS SOBRE ESCRITURA

CONSEJOS PARA LOS ESCRITOS NARRATIVOS

Escritura de opinión

Escritura informativa/explicativa

Escritura narrativa

LISTA DE VERIFICACIÓN DE AUTOCORRECCIÓN Y CORRECCIÓN DE LOS COMPAÑEROS

Instrucciones: Coloca una marca de verificación delante de cada elemento cuando lo verifiques.

El escrito tiene. . .

- ❑ un enunciado de una opinión o de un tema
- ❑ una introducción interesante
- ❑ detalles sobre la opinión o el tema
- ❑ una conclusión sólida
- ❑ [illegible]
- ❑ palabras interesantes
- ❑ letras mayúsculas
- ❑ ortografía correcta
- ❑ puntuación correcta

DIGITAL RESOURCES

Accessing the Digital Resources

The digital resources can be downloaded by following these steps:

1. Go to **www.tcmpub.com/digital**
2. Sign in or create an account.
3. Click **Redeem Content** and enter the ISBN number, located on page 2 and the back cover, into the appropriate field on the website.

ISBN:
9781087635552

4. Respond to the prompts using the book to view your account and available digital content.
5. Choose the digital resources you would like to download. You can download all the files at once, or you can download a specific group of files.

Please note: Some files provided for download have large file sizes. Download times for these larger files will vary based on your download speed.

CONTENTS OF THE DIGITAL RESOURCES

Teacher Resources

- Informative/Explanatory Writing Analysis
- Narrative Writing Analysis
- Opinion Writing Analysis
- Writing Rubric
- Writing Signs

Student Resources

- Peer/Self-Editing Checklist
- Editing Marks
- Practice Pages
- The Writing Process
- Writing Prompts
- Writing Tips

NOTES

NOTES